2017年度河南省科技厅软科学项目，项目编号：172400410118

新时期城市公共服务建设研究

刘亚荣　著

·北京·

内 容 提 要

当前中国特色社会主义进入了新时代。在新时代，人们的生活水平、生活方式和生活追求都发生了巨大变化，需求层次逐步提升，需求构成更加丰富，对生活质量提出了更高要求。这就需要城市不断完善公共服务体系对接现代化的经济体系和创新体系，同时更好地承接公众的美好生活需要和现代化生活方式。

本书就城市公共交通、公共住房、城市生态环境、公共体育、公共医疗等方面进行专题研究。

图书在版编目(CIP)数据

新时期城市公共服务建设研究 / 刘亚荣著. —北京：中国水利水电出版社，2018.10（2025.4 重印）

ISBN 978-7-5170-7059-7

Ⅰ. ①新… Ⅱ. ①刘… Ⅲ. ①城市—公共服务—研究—中国 Ⅳ. ①D669.3

中国版本图书馆 CIP 数据核字(2018)第 246056 号

书　　名	新时期城市公共服务建设研究 XIN SHIQI CHENGSHI GONGGONG FUWU JIANSHE YANJIU
作　　者	刘亚荣　著
出版发行	中国水利水电出版社 （北京市海淀区玉渊潭南路 1 号 D 座 100038） 网址：www.waterpub.com.cn E-mail：sales@waterpub.com.cn 电话：(010)68367658(营销中心)
经　　售	北京科水图书销售中心(零售) 电话：(010)88383994、63202643、68545874 全国各地新华书店和相关出版物销售网点
排　　版	北京亚吉飞数码科技有限公司
印　　刷	三河市华晨印务有限公司
规　　格	170mm×240mm　16 开本　10.75 印张　139 千字
版　　次	2019 年 3 月第 1 版　2025 年 4 月第 4 次印刷
印　　数	0001—2000 册
定　　价	52.00 元

前　言

党的十九大报告中指出，“经过长期努力，中国特色社会主义进入了新时代，这是我国发展新的历史方位。这个新时代，是承前启后、继往开来、在新的历史条件下继续夺取中国特色社会主义伟大胜利的时代，是决胜全面建成小康社会、进而全面建设社会主义现代化强国的时代，是全国各族人民团结奋斗、不断创造美好生活、逐步实现全体人民共同富裕的时代，是全体中华儿女奋力实现中华民族伟大复兴中国梦的时代，是我国日益走近世界舞台中央、不断为人类作出更大贡献的时代。”

在新时代，人们的生活水平、生活方式和生活追求都发生了巨大变化，需求层次逐步提升，需求构成更加丰富，对生活质量提出了更高要求。这就需要城市不断完善公共服务体系对接现代化的经济体系和创新体系，同时更好承接公众的美好生活需要和现代化生活方式。本书共五章。第一章为城市公共交通研究，对城市公共交通的特征及作用，我国城市公共交通的发展历程、现状及发展趋势，我国城市公共交通服务质量管理进行研究。第二章为城市公共住房研究，内容包括我国保障性住房的发展历史、我国住房保障制度现存问题、公共住房问题的国际经验借鉴、完善我国住房保障体系的政策建议等方面。第三章为城市生态环境研究，主要研究城市的环境问题、构建城市生态环境质量指标体系、生态城市建设的对策等方面。第四章为城市公共体育服务体系研究，对我国公共体育服务体系的特点及功能、我国公共体育服务供给体系现状、城市公共体育空间结构发展模式、公共体育服务的保障建设等方面进行探索。第五章为城市公共医疗研究，对城镇居民基本医疗保险运行现状评价及展望、全面深化医药卫生体制改革、智能城市医疗卫生发展战略进行研究。

本书在写作过程中参考引用了一些学术著作和学术论文，在此对相关的作家、学者表示感谢！由于水平有限，书中难免有不足之处，敬请读者批评指正！

作　者

2018 年 6 月

目录

第一章　城市公共交通研究

城市公共交通，实际上就是在城市及其郊区范围内，为了最大限度方便公众出行，运用客运工具进行的一种旅客运输。城市公共交通对城市政治经济、文化教育、科学技术等方面的发展影响极大，这也是城市建设过程中的一个较为重要的方面。

第一节　城市公共交通的特征及作用

一、城市公共交通的特征

(一)功能特征

在交通运行功能方面来看，城市公共交通与小汽车等其他交通方式相比，具有占道少、运量大、能耗低、资源占用少、社会公平性强等特点。具体体现为以下五点。

1. 道路资源

从道路资源利用情况看，公交车、小汽车和自行车所占土地资源比为 11.6∶13.4∶1，运送相同数量的乘客，小汽车占用的道路资源是公交车的 23 倍，城市轨道交通的运输效率比公交车相对更高。

2. 能源消耗

从能源消耗情况看，每人每公里通行所需的标准煤消耗，小汽车、摩托车与公交车的比例为 4.9∶2.45∶1，若采用大运量轨道交通作为公共交通工具，节能效果更加明显。

国际城市公共交通发展实践表明，在城市公共交通出行比例中，如果有 1%的小汽车出行人转向乘坐公共交通工具出行，可使城市公共交通总能耗降低 0.8%，节省原油 60 多万吨。

3. 环境保护

从环境保护角度来看。据测算，公共交通在高峰时每人每公里平均排放的 HC、CO、NO_x 三项污染物，分别是小汽车的 17.1%、6.1%、17.4%；在城市中，如果轨道交通承担的客运量达到 50%，CO 和 NO_x 的排放量可分别降低 92%和 86%。城市公共交通与其他交通方式主要效能指标对比情况见表 1-1 和表 1-2。

表 1-1　各交通工具使用者实际支付费用与运营总成本的比例

序号	交通方式	实际支付费用/运营总成本(%)
1	步行	100
2	自行车	96.6
3	摩托车	34.8
4	小汽车	59.6
5	出租车	47.8
6	公交车	81.6

表 1-2　各交通方式运输效能指标

指标	公交车	小汽车	自行车
占用道路交通面积(平方米/人)	1～1.5	40～60	8～12
油耗比	1	6	—
碳氢化合物排放量[克/(100 人·千米)]	12	130	—
一氧化碳排放量[克/(100 人·千米)]	19	189	—
氮氧化物排放量[克(100 人·千米)]	95	934	—
安全水平(108 人·千米死亡率)	0.07	0.7	—

4. 交通安全

从交通安全水平来看，每亿人公里死亡率：轨道交通为0.035，公交车为0.07，小汽车为0.7，摩托车为14。如果以轨道交通为参照基准，则公交车、小汽车、摩托车的单位人公里死亡人数依次为轨道交通的2倍、20倍、394倍。

5. 安全成本核算

从安全成本核算角度看，根据相关研究成果，不同交通工具使用者实际支付的费用与其运营过程中所产生的全部成本（包括环境污染成本、拥堵时间成本、资源占用成本等）的比例存在较大差异。假设步行方式的实际支付成本与全部成本的比例为100%，以此为参照，摩托车和小汽车出行者最低，分别为34.8%和59.6%。这说明，私人交通工具使用者的出行成本中有很大一部分被社会公共资源所“免费补贴”了。

因此，优先发展城市公共交通对于促进社会公平性在很大程度上具有重要的意义。

（二）需求特征

对于人民群众而言，最基本的生活需求就是“衣食住行”，而城市公共交通解决的是最广大人民群众的基本出行需求，是居民生活的必需品，是城市功能正常运转的基础支撑。

城市居民在很大程度上对公共交通服务具有一定的依赖性和使用“惯性”，要求公共交通服务必须体现稳定性、可靠性、普惠性及公平性，要能够使不同收入、不同年龄、不同职业以及残疾人等各群体的多元化的出行需求得到满足。

（三）服务特征

1. 交通工程角度

（1）服务对象的广泛性。由于公共交通是城市客运的主体，所以公共交通线路和各种服务设施几乎遍布城市的各个区域，为各种职业、各个层次的居民提供了普遍的客运服务。

(2)服务的规定性。服务的规定性通常是由公共交通的服务方式决定，公共交通的主要任务是在规定的线路、规定的时间把乘客运送到规定的地点，根据任何个人的意愿随意运行是不允许的。

(3)服务方式的开放性。公共交通主要依靠每一名驾驶员、乘务员和其他服务人员在站台、车内，直接、面对面地为乘客提供相应的服务，而且整个服务过程都是公开、透明的，能够直接置于乘客的监督之下进行。

(4)服务作业的分散性。单车作业是公共交通一种主要的运营服务模式，每辆公共交通车辆在道路上时，也都是属于各自行驶的状态，呈现一种流动、分散性的态势。

2. 服务业角度

(1)服务人员与服务对象接触的随机性。不同乘客在乘坐不同公共交通车辆的过程中，所遇到的服务人员都有可能处于不同的情况，因此，每次服务质量的优劣都会影响乘客对公共交通的评价和感受。

(2)直接服务于乘客本身。由于乘客是公共交通直接服务的对象，所以公共交通服务的全过程都有乘客参与并产生一定的影响；公共交通服务的舒适性、安全性、工作人员的服务态度等因素对乘客自身的感受有着直接的影响。

(3)高峰时刻服务强度大。由于不同类型乘客的上下班和上下学等时间相对比较集中，高峰时刻的需求量巨大，公共交通服务强度大。

(4)劳动密集程度较高。

(5)乘客品牌消费取向较弱。公共交通乘客选择公共交通服务主要考虑的是便利、快速等，而对服务提供者的品牌等因素考虑相对较为弱一些。

3. 公共产品角度

(1)具有公用性和公益性的特征。由于公共交通的产品和服务是针对所有城市居民的，所以并不像普通产品的销售都有一些特定的消费群体，而且往往需要承担一些社会公益的义务。

(2)价格机制不灵活。长期性和普遍性是公共交通服务的明显特征，由于其价格的形成和调整会涉及大多数居民的整体利益，因此不可能随行就市，完全按照供求规律具体行事。

(3)投资大、回收期长，市场化程度低。通常来说，公共交通投资相对大一些，而且回收期较长。如大城市建设 1 公里地铁就需 6 亿～7 亿元。另外，还具有天然的垄断需求，其市场化和竞争程度相对较低。

(4)政府和社会舆论干预。公共交通由于涉及大多数市民的利益，消费群体的利益诉求也会有所程度不同，所以，政府和社会舆论常常会在一定程度上对公共交通企业进行“道义上的说服”或进行行政上的主动干预。

(四)运营与管理特征

满足广大群众的基本出行需求是城市公共交通应提供的服务，因此，公共交通具有较强的社会公益性，这就需要政府对城市公共交通行业从价格、准入、服务、安全等方面进行管制。

通过国内外城市公共交通发展实践表明，公共交通线路经营权作为重要的公共资源，必须坚持政府主导的发展方向，不宜作为市场资源进行过度的市场化经营，否则极易影响公共交通基本公共服务功能的发挥。

另外，城市公共交通庞大的投资需求与价格管制特性，要求政府必须赋予公共交通企业一定的扶持政策，以对企业的可持续发展能力进行一定的维护。

二、城市公共交通的作用

（一）支撑城市功能正常运转

对于公共交通而言，其不仅仅是城市经济发展的主要“动脉”，而且是联系社会生产、流通和人民生活的纽带，是提升城市综合竞争力的关键环节，是城市功能正常运转的基础支撑。

城市公共交通作为城市重要的基础设施和城市交通系统的核心，关系国计民生等重大事业，被誉为社会生产的第一道工序、城市公益事业的第一要件，是国际大城市公共交通可持续发展的共同选择。发达的城市公共交通系统不仅能够为居民出行提供便利，而且可以促进城市国民经济和社会事业的发展，保障城市公共交通健康有序运行，对于维护城市的正常运转、满足人民群众日益增长的出行需求、促进城市经济社会的全面发展具有重要意义。

世界各国的经验表明，优先发展城市公共交通是实现城市公共交通可持续发展的必然选择。我国城市和城市公共交通发展的现状特点决定了我国城市公共交通发展必须走以公共交通为主导的集约化发展道路。随着我国经济社会的快速发展和各项社会事业的稳步推进，城市公共交通需求日益旺盛，要求城市公共交通必须加快优先发展步伐，把基础的支撑作用发挥出来。

（二）推动建设资源节约、环境友好型城市

土地资源稀缺，城市人口相对密集，居民收入水平总体不高，是我国城市的总特征。城市公共交通具有容量大、效率高、能耗低、污染小等优势，优先发展公共交通最适合我国城市发展和交通发展的实际需求，是减少环境污染、降低能源消耗，实现城市低碳发展、可持续发展的重要途径；是贯彻落实科学发展观和建设节约型社会的重要举措。

合理、有序发展城市公共交通能在很大程度上使得交通运输的社会成本有所降低，进而提高交通设施综合效益，符合国家的

可持续发展、社会经济集约化发展和节能高效的方针；符合科学发展观的具体要求。

在我国城镇化、机动化进程快速发展、城市公共交通拥堵和资源环境压力日益加剧的新形势下，迫切需要加快转变城市公共交通发展方式，不断提高公共交通的竞争力和吸引力，减少公众对小汽车的依赖，加快公共交通信息化、智能化建设，不断提高运营效率，加大节能减排力度，缓解交通拥堵和资源环境压力，更加注重科学发展，尽早走上资源节约型、环境友好型的发展道路。

（三）引导城市功能布局和城市形态发展

城市公共交通的服务水平能够对城市土地的价值和土地的开发强度造成直接的影响，进一步对城市的功能布局和城市发展形态造成影响。具体来说，主要包括两个方面。

一方面，城市公共交通系统的空间布局对城市土地利用的发展方向具有重要的引导作用，进而影响到城市土地利用空间结构的变化。公共交通运量大、成本低的特点能满足高密度开发地区大量普通居民的出行需求，大容量公共交通系统能够支撑较高强度的土地开发，特别是轨道交通准时、快速和大容量的交通特征，能引导沿线的土地开发向高密度、高强度、集约化方向发展。

国际城市公共交通发展水平较高的城市，如新加坡、中国香港等，均建立了完善的城市公共交通系统，来引导城市功能布局和产业结构调整，实现城市公共交通与土地利用的协调发展。

另一方面，不同区域的交通结构对于居民的生活方式也会有所影响，而生活方式的改变会直接影响城市的用地布局形态，可达性高的地区相对可达性低的地区能够吸引更多的人流和信息流。发达、便利的公共交通系统对于城市商业中心、金融中心等功能区的培育和发展能够起到非常重要的引领作用。

（四）体现“以人为本”和社会公平性

广大人民群众最基本的生活需求之一就是交通出行。而对于城市公共交通而言，为所有居民提供普惠性的社会公共出行服务，为城市的社会生产和再生产提供最一般的物质条件，是重要的民生工程，是政府应当提供的基本公共服务。

深入发展城市公共交通，对最广大人民群众的根本利益予以了充分的体现，特别是为低收入阶层提供了优先享有交通出行的权益。因此，公共交通优先体现了广大人民群众优先，有利于实现社会公平正义。通过优先发展公共交通，确立公共交通在城市公共交通中的主体地位，引导广大人民群众选择公共交通作为主要出行方式，为广大人民群众提供安全、方便、舒适、快捷、经济的出行服务，是实现我国城市可持续发展的客观需求，也是体现社会公平正义，积极构建、打造和谐社会的一项重要内容。

第二节　我国城市公共交通的发展历程、现状及发展趋势

一、我国城市公共交通的发展历程

综合来说，城市公共交通发展与城市所处的社会经济环境、建设阶段及水平都有着非常密切的关系。自 1978 年党的十一届三中全会以来，中国加速推动改革开放和社会主义现代化建设，城市发展方针、建设重点也经历多次调整。根据国家经济体制改革实施路径及城镇化发展进程，将影响城市公共交通发展的外部社会经济环境分为三个时期，各时期典型特征如下。

(一)第一时期(1978—1992 年)

改革开放政策在 1978 年正式确立后，东部沿海城市率先进入城镇化快速发展期，先后开放开发多个经济特区、经济开发区、边境口岸及高新技术开发区。

1992 年，邓小平南行进行了相关的讲话，要求进一步开放沿

江、沿边城市。这段时期城市发展方针主要是“控制大城市规模、合理发展中等城市、积极发展小城市”。例如，1978 年国务院《关于加强城市建设工作的意见》提出“控制大城市规模，多搞小城镇”；1989 年通过的《中华人民共和国城市规划法》提出“国家实行严格控制大城市规模、合理发展中等城市和小城市的方针，促进生产力和人口的合理布局”。

通过在国家城市发展政策的积极推动下，城市数量由 1978 年的 193 个猛增至 1992 年的 517 个，全国城镇化水平由 17.92% 上升到 27.46%，年均增长 0.68 百分点。

总而言之，以非机动化出行为主是这段时期的城市公共交通形式，虽然主体构成较为混杂，但是尚未成为城市发展过程中所普遍面临的问题。因此，交通系统建设未受到充分的关注，关于城市公共交通的政策研究与讨论也仅在个别特大城市零星地进行开展。

(二)第二时期(1993—2003 年)

由于市场经济体制改革得到了进一步的全面深化，土地有偿使用制度改革也得到了逐步的完善。1994 年《国务院关于深化城镇住房制度改革的决定》出台，1998 年住房分配货币化，房地产业异军突起。

与此同时，《汽车工业产业政策》提出“国家鼓励个人购买汽车”，机动化快速发展。1994 年实施的分税制改革稳定了中央和地方的财力关系，市场活力得到激发。这一时期，城镇化保持快速发展势头，城镇化率由 1993 年的 28.51% 上升到 2003 年的 40.53%，年均增长 1.2 百分点；全国城市数量由 1993 年的 570 个增至 2003 年的 660 个。

与第一时期相比，城市化政策逐渐由过去实行城乡分割、限制人口流动转为放松管制，允许农民进入城市就业，鼓励农民迁入小城镇。严格控制大城市的提法逐渐淡出政府文件，都对以发展小城镇为主体推进城市化的政策导向正在得到逐步调整进行了充分反映。

这一时期，机动化得到了较为迅速的发展，但是基础设施建设和管理相对滞后，同时大量非机动化交通方式并存，导致了严重的混行问题，交通拥堵现象出现，城市公共交通及其相关政策成为研究热点。1995 年，《中国城市公共交通需求管理行动计划》《北京宣言：中国城市公共交通发展战略》等针对城市公共交通发展战略和路径选择的文件相继发布。

于是，中央政府将城市公共交通问题进一步定位于宏观、全面且综合的战略与规划层面，认识到必须在扩大交通供给的同时，十分重视交通需求管理，保持供需平衡；同时指出发展公共交通是解决城市公共交通问题的根本出路，要实施切实可行的公交优先政策；并对城市公共交通对生态环境的影响充分重视。

（三）第三时期（2004—2011 年）

中国在进入 21 世纪后，快速融入全球化市场体系之中，使得城镇化也开始上升为国家的战略。“十五”规划（2001—2005 年）中明确提出“推进城镇化的条件已渐成熟，要不失时机地实施城镇化战略”；“十一五”规划（2006—2010 年）进一步指出要“坚持大中小城市和小城镇协调发展，积极稳妥地推进城镇化”；“十二五”规划（2011—2015 年）更明确提出要“坚持走中国特色城镇化道路，科学制定城镇化发展规划，促进城镇化健康发展”。

从这一时期，能够明显看出城镇化已经进入了一个最为快速的发展阶段。城镇化率由 2004 年的 41.76%上升至 2011 年的 51.27%，年均增长 1.36 百分点，2011 年城镇人口规模达到 6.7 亿人。

由于汽车开始大规模进入每个家庭，不仅大城市，中小城市也面临着交通拥堵的困境，缓解拥堵已成为各级政府的一项重要任务。随着城镇密集地区的发展，城镇群的交通也开始引起关注。

另外，伴随社会经济发展和城市空间结构拓展，交通问题的研究已从关注行业发展向关注与城市协调发展转变，交通的外部性问题也得到了一定程度的重视。

（四）第四时期（2012年至今）

2012年国发64号文《国务院关于城市优先发展公共交通的指导意见》明确指出："城市公共交通具有集约高效、节能环保等优点，优先发展公共交通是缓解交通拥堵，转变城市交通发展方式，提升人民群众生活品质、提高政府基本公共服务水平的必然要求，是构建资源节约型、环境友好型社会的战略选择。"

据测算：2013年我国的城市公交市场营收规模达到3063.3亿元，2014年行业营收增长至3362.4亿元，规模较上年同期增长9.76%。

当前，我国经济发展进入新常态，从人口和产业变化趋势预判，城市出行需求仍将保持适度增长。一些中小城市人口呈现负增长，大城市人口也因人口流出地的回流态势，呈现增幅回落趋势，人口分布变化将使城市出行需求总量增长放缓。2015年第一季度，第三产业增加值占GDP比重为51.6%，达到历史最高水平，第三产业所占比例持续上升，经济结构正发生重大改变，向服务主导型转变，将对经济增长、就业带来深远而持久的影响。

随着经济社会的发展和城市人口的增加，以及人们出行方式的改变，机动化进程深入推进，机动车保有量持续增加。截至2014年底，我国机动车保有量为2.64亿辆；其中，汽车1.54亿辆、约占58.33%，摩托车0.92亿辆、约占34.85%，有35个城市的汽车保有量超过100万辆、比2013年增加4个，其中有10个城市汽车保有量超过200万辆、比2013年增加2个。

图1-1是2014年我国城市公交市场营收的具体规模分布图。

从现实状况看，基础设施的快速投入并未给公共交通发展带来质的突破，对城市经济社会发展的支撑作用还不强。交通发展受资金、土地、资源、环境等要素的刚性约束进一步增强，同时，随着城镇化的进一步推进，土地价格高涨，发展成本高昂。

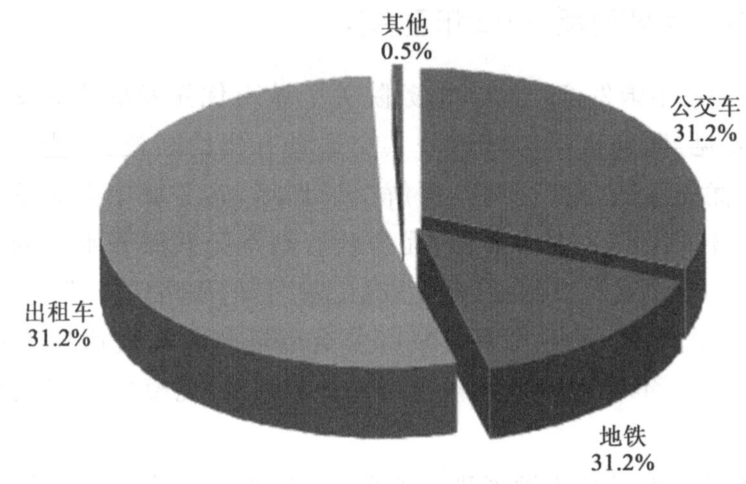

图 1-1　2014 年我国城市公交市场营收规模分布

此外，能源和环境问题日益突出，能耗、环境等要素的刚性约束要求加快交通的转型发展。

当前，中央提出协同推进“新四化”建设，化解各种“成长的烦恼”。作为城市交通事业的从业者，我们要积极践行绿色、人文、可持续的发展理念，逐步解决城市交通发展中所面临的困境和各种问题，改善和提升城市公共交通服务水平，让交通系统更好地支撑经济社会发展，为“两个一百年”奋斗目标和中国梦的实现，做出更多、更大的贡献。

二、我国城市公共交通的现状

近年来，随着我国经济快速增长和城市化进程的不断加快，城市人口和车辆不断增加，城市的规模与结构都处在大变化之中，现代便捷的交通运输的发展在给人们带来便利的同时，也带来了很多负面的影响，比如城市公共交通拥堵、城市公共交通安全和城市环境污染等问题不断显现。在新的发展时期，城市公共交通规划是政府指导城市公共交通发展的公共政策，城市公共交通系统作为现代国民经济的重要组成部分，应当体现中央宏观政策，科学发展观，建设资源节约型、环境友好型社会的要求，才能在社会经济发展中发挥应有的作用。对此进行认真研究和思考，是城市公共交通规划工作者肩负的重任。

（一）我国城市公共交通现状分析

1. 城市规模逐步扩大，运输压力沉重

在我国快速城市化的进程中，大城市人口不断聚集，机动车数量快速增长。大量人员出行和物资交流频繁，使城市公共交通面临着沉重的压力。主要表现为：

(1)机动车数量增长过快，道路容量不足。最近几年城市机动车增长迅速，而与之对应的人均道路面积却一直处于低水平状态，虽然随着城市道路交通的扩建等已经有了较快发展，但仍赶不上城市公共交通量年均20%的增长速度。

(2)路网不合理，交通管理水平低下。我国现有城市路网一般都密度低，干道间距过大，支路短缺，瓶颈路、断头路、畸形路较多，交通微循环不畅，功能混乱，平均出行时间长，出行效率下降，难以适应现代汽车交通的需要，交通信息服务、交通安全管理的设施不能满足现实的出行需求，交通政策的制定与实施整体水平有待提高。

(3)公共交通萎缩，出行结构不合理。目前我国城市公共交通系统建设总量严重滞后，对公共交通投入不足，公交优先战略落实不到位，城市公交车交通持续萎缩，从运营效率到经营管理，从服务水平到经济效益，城市公共交通发展缓慢。虽然公共车辆和线路长度增长许多，但公交车辆的运营速度不断下降，新增的运力被运输效率低下所抵消。由于公共交通受到冲击，被转移出来的乘客便要寻找其他出行方式，加剧出行结构的不合理。

2. 城市公共交通带来的环境问题

交通运输的发展促进了城市的产生，而城市也离不开便捷的交通运输。一个城市的交通越发达，其商业化程度和现代化程度也就越高。而交通运输在方便了人们出行的同时也对环境产生着严重的影响。随着我国机动车保有量的迅速增加和出行状况的不断恶化，机动车的废气排放及噪声污染问题日趋严重。

我国汽车工业技术水平的滞后以及城市人口、车辆和建筑的过于密集，加剧了污染的危害性，另外，交通水体污染、地面下沉、电波辐射等交通公害也严重影响着人类的身心健康。根据行业研究，我国机动车尾气排放已经成为城市大气污染的首要来源，而且照此速度发展下去，预计到 2020 年中国的汽车保有量将会达到 2 亿辆。

3. 停车难的问题突出

随着城市私家车保有量的持续上升，城市“停车难、乱停车”等问题日益突出，“停车难”的影响不仅仅局限于停车本身，还引发了一系列城市管理问题。首先，停车难加重交通拥堵，引发公共纠纷，近年来，由于私占草坪、私安地锁、堵占道路等问题引发的邻里纠纷、车辆刮擦问题日益增多，停车问题引发的治安事件和暴力冲突事件也时有发生。“停车难”还带来了安全隐患，小区内通道停车常常导致救护车、消防车无法快速通过，小区外占道停车则导致人流、自行车流进入机动车流，极易导致交通事故的发生。

4. 交通事故频发

交通拥堵问题造成时间资源浪费严重，消耗大量能源，产生严重的空气污染，交通事故造成大量人员伤亡和财产损失，这些都阻碍了城市社会经济与环境的健康发展。据公安部交管局官方数据统计，自 2001 年至今，我国每年约发生交通事故 50 万起，在2001年以前因交通事故而死亡的人数每年超过10万人，两项均居世界第一，我国每年因交通事故所造成的经济损失达到几十亿元。

(二)城市公共交通问题的解决对策

交通运输对环境的污染是不可避免的，而在不可能摒弃交通运输的条件下，人类只能通过其他方式来减小其负面影响，促使其朝快速、舒适、安全、准时、少污染、高效率的方向发展，为此，我们要建立起可持续发展的交通运输体系。

1. 建立新的交通运输结构，实现交通运输系统内部诸方式的协调发展

应该总结和吸收发达国家交通运输发展中的经验教训，淘汰那些环境污染大、交通事故频发的交通运输方式和工具，而选择运力强大、低污染的交通运输项目。根据我国人口密度大、地域广、资源缺乏等特点，大力发展铁路、城市轻轨、地铁、公共交通等交通工具，提高交通运输的效率和效益。合理调配交通运输系统内部诸方式的协调发展和合理配置，做到优势互补。

2. 依靠科技进步，改进和完善交通运输技术

科学技术是第一生产力，是交通技术与运输工具不断创新的强大动力。应该大力发展污染小、载重大、高效率的运输工具。在交通运输项目的建造发展过程中，大力采用新技术、新工艺，大力发展新能源和节能高效的交通工具。

3. 制定限制私人汽车拥有的措施

汽车保有量无限制的增长是导致当今城市公共交通不畅、通行困难的重要因素之一，因此必须实施对汽车拥有的控制措施和政策。包括：提高汽车购置门槛、限制个人购置汽车的数量、征收汽车牌照费用、摇号购车等。

4. 制定公交优先政策

城市公共交通是社会经济发展的基础，是影响城市居民生活质量的重要方面，属于社会公益事业，价格低廉。优先发展城市公共交通系统的政策主要包括：政府补贴，降低公交的乘车费用、提高公交的运行速度和效率，引导公民选用公交方式出行，减少私家车的使用。国外优先鼓励发展公共交通政策主要表现为鼓励优先发展快速公交系统和轨道交通系统等交通容量大、效率高的公共交通方式。

5. 引导公民低碳出行

低碳出行是指以低能耗、低排放、低污染为基础的绿色出行，引导居民在出行中选择低碳交通方式，倡导尽量减少二氧化碳的排放，鼓励和推进以公共交通为导向的城市公共交通发展模式。也有环保组织定义为“乘坐公交车、地铁等交通工具，环保驾车，文明驾车，或者步行、骑自行车，努力降低自己出行中的能耗和污染”等内容。包括：转变现有出行模式，倡导公共交通和混合动力汽车、电动车、自行车等低碳出行方式；加强出行智能化发展，提高运行效率，同时引进节能减排技术，降低碳消耗等。总之，低碳出行的目的是健康、环保。

6. 加速停车场建设，缓解城市公共交通可持续发展

解决停车难是治理城市公共交通拥堵工作的一个重要部分，主要从以下方面来考虑：一是根据实际发展需要，加紧制定规划，保证居民家用车辆停车的刚性需求；二是充分盘活现有资源，加强各部门协调，挖掘一切可利用的公共资源，比如广场、单位的公共停车场、马路两侧停车场等，也可采用错时借道停车，提高道路使用效率，扩大车位供给能力；三是利用价格杠杆，提高停车成本。解决“停车难”还是要立足长远，在城市建设中，要把停车问题作为建设规划的一部分，需要政府及相关部门出台相应政策加

强现有资源的管理。

城市道路是指城市范围内的道路，供各种车辆和行人通行并具备一定技术条件的交通设施，形成和促进发展城市布局、提供通风、采光空间，有作为上、下水道和煤气、电力、通信设施埋设通道的功能。面对如此问题，更新观念是当务之急。

城市综合交通规划要全面考虑国家发展战略，必须落实资源节约、环境保护，实现城市紧凑发展。在城市总体规划修编时，要用城市公共交通规划来带动规划修编，公共交通优先政策的落实必须先调整城市公共交通规划的理念，而交通规划理念的调整却必须从规划布局做起，交通环境问题是当前城市公共交通规划的主导因素，现在环境问题已经提到日程，公共交通的问题虽然刚刚暴露，但是必须关注。

解决交通环境问题必须从交通理念上改变，比如，宽马路的问题。宽马路涉及路幅宽，带来的是路网间距大，这是城市规划和城市公共交通规划要反复思考的问题。交通效率低，很大一方面是道路路幅宽、路网密度低造成的，还有建设封闭性小区造成的。

另外，盲目修立交桥也是一个重要的原因，不成系统的立交桥使交通更加拥堵。因此，解决交通环境问题，必须用系统、综合的概念研究城市公共交通规划。

三、我国城市公共交通的发展趋势

（一）公共交通结构多元化

为了能使不同层次的需求得到满足，进一步对公共交通系统整体服务水平加以提升，在经济比较发达的大城市将逐步建立起以大中运量快速轨道交通为骨干，以地面常规公共交通为主体，辅之以其他客运交通方式的多层次的符合生态及环保要求的城市客运交通体系。

而关于公交车的技术性能也会进一步向大功率、大容量、低地板、低污染方向不断发展，并将形成大中小型、高中低档、多样化的城市公交车辆系列，更好地满足不同层次的客运需求。城市出租汽车在经过20世纪90年代的迅猛发展之后，接下来将转为有计划、有控制的合理发展过程。

（二）有计划地建设综合客运交通枢纽设施

在多方式、多层次客运交通网络的建立下，将进一步有计划地展开关于综合客运交通枢纽设施的配套建设。改善公交系统、方便出行换乘、提高公交服务质量和运营效益的重要环节，就是对综合客运交通枢纽进行合理规划与设计。

实现交通方式转换、交通性质改变的场所，就是要使城市对外交通与市内交通间的客运枢纽衔接起来。

(1)合理布设的客运枢纽，可进一步节省乘客进、出城时间，保证交通连续。

(2)便捷地连接城市各功能分区的客运枢纽，可合理地组织城市公共交通、均衡客流分布。

(3)衔接各种公共交通线路的综合客运交通枢纽，既有利于公交线路优化调整、增加公交运营线路的应变能力、提高公交运营效率，又可以方便乘客换乘，减少换乘次数，缩短出行时间，从而提高公共交通的竞争力，吸引客流，对充分发挥各种交通方式的优点、改善城市客运交通结构有重要的引导作用。

此外，客运枢纽可以对地面和地下空间进行充分的利用，实现土地综合利用，为节约城市用地创造合适的条件。

（三）高新技术逐步应用于城市公共交通

在科学技术的快速进步和城市经济的迅速发展过程中，高新技术将被在城市公共交通系统规划、建设及运营管理中大力推广。如公交运营管理上广泛应用GPS（全球卫星定位系统）、AVM（车辆自动监控系统）与PIS（乘客信息系统）等新技术，从而有效建立起公交运营调度部门、公交驾驶员(或公交车辆)与乘客之间的密切联系;GIS(地理信息系统)将广泛应用于公交线网规划、公交运营计划及乘客信息系统的建立。

其中,公交客运走廊分析、公交线路方案评价、公交服务可达性分析等是GIS在公交线网规划方面的主要应用。而基于GIS的乘客信息系统具有相对计算速度快、数据更新方便、结果表现直观等诸多优点。

总之,对高新技术的相关应用将使城市公交规划管理建立在充分的调查分析和全面的信息利用之上,从而大大提高公交规划管理决策水平,改善公交的服务质量,更好地满足乘客需求,使公共交通的竞争力有所增加。

(四)大中运量快速轨道交通系统建设速度加快

对于城市中的快速轨道交通而言,特别是地铁,在经过多年的不断完善下,已逐步地发展成为一种运量大、速度快、准时、节能、安全、可靠、舒适、污染小的现代化立体交通系统,不仅能有效地满足大城市不断增长的城市客运交通需要,而且会为城市带来多方面的间接经济效益和社会、环境效益。

实际上,现代快速轨道交通在很大程度上也代表了一种新的城市生产力。在进行合理规划建设过程中,需充分考虑国情和财政实际承受能力;在交通功能上,明确供求适度平衡;在设备采用上,坚持立足国内,在引进国外先进设备的同时引进技术,实现合作生产和促进国产化;在资金筹措上,探索多种模式的筹资渠道。

21世纪,在我国经济的快速健康发展之下,随着高新技术和先进的管理、调度手段的广泛应用,城市公共交通系统已经逐步实现信息化、智能化,公共交通服务质量也得到了大大的改善,公共交通竞争力也大大增强,在一些经济比较发达的大城市初步形成以大中运量轨道交通为骨干,公交车、无轨电车、出租汽车综合协调发展的公共交通系统,城市居民的出行变得更加方便、快捷和舒适。

第三节　我国城市公共交通服务质量管理

一、服务质量管理的基本要求

(一)安全

服务质量的重要内容就是安全,安全也是做好服务工作的一个必要前提。安全应该包括以下几个方面的内容。

(1)行车安全。在运行中防止发生交通事故,维护正常的运行秩序。

(2)设备安全。要求运营车辆的技术性能和状况良好,避免发生机械故障和意外事故而延误乘客的乘车时间。

(3)乘坐安全。在开关车门乘客上下车时予以提示,避免发生夹、摔事故。车厢各种服务设施,如扶手、座椅要保持完好,以免发生意外事故。

(4)财物安全。提示乘客携带好自己的物品,保管好自己的财物,避免遗落和丢失。

(5)乘务人员自身安全。

(二)迅速

乘客乘车的最基本要求就是迅速,当然,迅速已经成为现代交通的特点和优势。当今社会,时间就是效益,因此公共交通应最大限度地节省乘客的出行时间。这就要求在运营服务中,做到:

(1)科学地确定运送速度,规定合理的运送时间,严格执行运行计划和调度命令。

(2)乘务人员要积极疏导乘客,妥善处理乘务矛盾,不因个别情况对乘客的乘车时间造成延误。

(三)准时

虽然准时也是乘客乘车的一个基本需求,但由于受自然气候、道路交通状况的制约,公共交通的准时只能是相对而言的,这就要求准时发车,特别是首末车的发车时间应该确保准时,在运行过程中尽量减少停站时间,严禁乘务人员个人占用运营时间,保证车辆在中途站和终点的到达时间误差在规定的范围之内,以此使服务信誉有所提高。

(四)舒适

尽可能地满足乘客对乘车的物质需求和精神需求,使公共交通为乘客提供舒适的乘行服务,具体而言,主要包括以下内容:

(1)站务设施、车辆设施齐全、完好、实用、有效。

(2)运力充足,均衡满载,缓和拥挤。

(3)根据季节和气候的变化,适当地调整车窗玻璃,夜间开启车厢照明灯,使用空调调节车内温度,播放声像音乐等,使乘客把枯燥的乘车变为一种享受。

(4)保持车厢内外和设施的清洁,为乘客提供良好的乘车环境。

(5)乘务人员用语规范、待客诚恳、礼貌热情、文明服务,尊重、体贴、谅解乘客,照顾老、幼、病、残、孕及有特殊需求的重点乘客。

(6)驾驶员驾驶车辆做到精神集中、行车平稳,转弯、进出站勿急停猛拐,要带给乘客一种舒适的感觉。

(五)方便

乘客在乘车的过程中,基本要求就是方便,这也是公共交通服务质量的一个重要内容,主要包括线网密度与布局合理,交通工具的多样化,站点设置方便换乘等方面。

(六)经济

城市居民出行的首选交通工具就是公共交通。公交票价的相关确定,主要是由政府依据国家规定的收费标准,根据公交提供的服务质量、水平和社会的承受能力进行调控的。因此,公交企业和乘务人员必须严格执行收费标准和票务制度,严禁乱收费、乱罚款或巧立名目变相加价。只有保持公共交通的经济性,才能充分发挥公交具有的优势,满足群众的乘车需求,进而占领城市的客运市场。

上面针对公共交通服务质量的基本要求作了相关论述,这就需要依靠相应的服务规范来进一步实现。随着社会的发展和城市物质文明、精神文明建设水平的提高,乘客对公共交通服务质量的需求也不断发生变化。

因此,合理制定和完善公共交通的服务规范是公共交通服务质量管理的重要内容和长期需要完成的任务。

二、服务规范

所谓的服务规范,就是服务的主体(服务性企业或单位)对服务的客体(服务对象)所提供服务质量的内在标准和外在表现形式,当然这是根据服务对象的基本要求进行制定的,也是服务质量的出发点和最终归宿点。

公共交通的服务规范是在作了相关市场调查的基础上,将乘客的各种需求进行相应整理和归纳,以成文的形式进一步确定下来,将服务质量具体化、标准化、程序化,便于进行操作。

公共交通的服务规范主要是对公共交通服务人员的服务程序、服务方法、服务语言等方面提出的具体要求。建设部 1993 年颁布了《市政公用行业服务性关键岗位服务规范》,北京市公共交通总公司根据规范要求制定了乘务员和站台服务员工作程序及标准。

(一)乘务员工作程序及标准

1. 首站发车前

在首站进行发车前，应该注意以下两点。

(1)乘务员必须按规定的时间及时向调度员报到。

(2)按规定佩戴相应的胸卡，提前上车对车内服务设施进行检查，搞好车辆卫生，按标准提前进站。

2. 始终坚持“三报”

所谓的“三报”，分别是指：

(1)及时报路别、行车的具体方向。

(2)预报即将到达的站名。

(3)报所要到达的站名。

参照标准：齐全，清楚，做到坚持正确使用电脑报站机或报话器，后门乘务员可以不报具体的路别、方向，但是必须预报下站和报到达站。

3. 主动售票

主动售票，一般包括以下几种情况：

(1)首站售清底票。标准：乘务员要走下售票台到乘客身边售票。

(2)中途积极宣传。标准：每站起步后向车内宣传“没有票的乘客请买票”。

(3)主动售票。标准：根据本站上车乘客的人数或特点，有针对性地问票。

(4)人多立席售票。标准：车辆满载五成以上时，应站立售票。

(5)有条件打穿售票，按规定收取包裹费。标准：在车辆满载允许的情况下，走下售票台，流动售票。

4. 认真验票

一般而言,认真验票具体包括:

(1)积极宣传。标准:“下车的乘客,请您出示车票”。

(2)提前验票。标准:车辆未到站前,乘务员查验欲下车乘客的车票。

(3)重点验票。标准:根据乘客特点,有针对性地检查。

5. 礼貌用语

礼貌用语无论在什么场合,都是一种不可或缺的方式。这里包括以下几点:

(1)对不同乘客有不同尊称。标准:使用“请”“您”。

(2)需要乘客帮助和协助时要说“谢谢”。

(3)不慎失误或失礼要说“对不起”“请原谅”。

(4)在任何情况下,都应该切记一点,就是不说服务忌语。

6. 解答询问

解答询问,一共包括三种具体的形式:

(1)有问必答。标准:乘客提出询问,务必有回答。

(2)多问不烦。标准:乘客多次询问,均能耐心解释,不得厌烦。

(3)不知代问。标准:对本人不能答复的询问,请车内的其他乘客帮助解答。

7. 重点照顾

这里提到的重点照顾,主要是针对老、弱、病、残、孕乘客上车的过程中给予相应照顾。标准:

(1)热情宣传让座,积极帮助找座。

(2)有条件的情况下,对行动不便的乘客给予搀扶。

(3)适当延缓开、关门时间,防止夹、摔乘客。

8. 驾乘配合

驾乘配合的标准，包括：

(1)车辆进出站，行经繁华地区、险要地段和转弯时，提醒乘客、行人和慢行车辆注意安全。

(2)车辆倒车时，乘务员下车协助查看。

(3)提示驾驶员等候跑来的赶车乘客和串车情况下的二次进站。

9. 积极疏导

进行积极疏导的标准具体有：

(1)随上车随疏导。

(2)随售票随疏导。

(3)条件允许时离席疏导。

(4)抓住关键重点疏导。

10. 开关车门

开关车门的具体标准，主要包括：停稳之后再开门，看好以后再关门，关好门之后再给出相应的信号，驾驶员应该在关好总开关后再起步上路。

11. 处理问题

在进一步处理存在的问题时，参照标准是：遇事冷静，照章办事，以理服人，得理让人，打不还手，骂不还口，顾全大局，根据实际情况做相关的汇报。

12. 车到终点

当车开到终点的时候，需要参照的标准主要是：及时提醒乘客携带好自己的物品下车，抓紧时间清扫车辆，如果在此期间捡到乘客遗失物品及时上交。

13. 交接班

在进行交接班的过程中，具体标准如下：

(1)下班乘务员必须将票、款、账结清，当面交给接班人员，接班人员应当面进行核实。中途交接班时，接班人员未到，当班人员应继续工作到终点。车辆停驶时，下班乘务员必须将票袋封存交指定人员保管。行车计划规定进场交接班的，乘务员必须随车出、入场。

(2)乘务员下班时，应将电脑报站机、清洁工具移交给接班人员，车辆停站或进场应将电脑报站机、清洁工具提前交指定人员进行保管。

(3)下班后必须及时搞好车辆清洁，把车辆玻璃关好，落下天窗。

(4)车辆设施如有问题，应该及时报修。

(二)站台服务员工作程序及标准

1. 岗前准备

(1)应该按照规定时间准时到岗，并向车队报到。

(2)正确佩戴执勤标志，清扫站台，保持站容整洁。

(3)一类站早班交班时应主动向接班人员介绍情况，接班人员未到，当班人员不得离岗，须向车队汇报，必要时可以采取临时措施。

2. 上岗执勤

上岗执勤，需要：

(1)按规定位置站岗。

(2)有站棚的站台，服务员要积极组织乘客排队候车，否则组织乘客在便道候车。

(3)候岗服务员在车辆进站前应疏导行人和慢行车避让，引车安全进站，提醒乘客注意，观察乘客候车动向，发现问题，及时疏导，提示、照顾老、幼、病、残、孕乘客提前上车。

(4)乘客上车完毕，关好车门后，各岗位服务员引车出站。

(5)耐心解答乘客询问。

(6)搞好站台卫生，保持站台清洁。

(7)车辆进出站发生事故时，要协助驾乘人员保护现场，抢救伤者，疏散围观者并及时上报。

(8)站台上出现纠纷，尽快调节，防止事态扩大。

(9)坚守岗位，维护秩序，出现大间隔或放空等情况时及时向乘客作出解释。

3. 下岗

(1)按照所规定的时间下岗，下岗后应该整理好各种执勤的标志，妥善进行收存。

(2)一类站早班下岗前要清扫站台并与接班人员交接清楚。

三、城市公交服务质量指标管理

所谓的服务质量指标，实际上是检验和衡量服务性行业服务质量优劣的尺度，是对企业的经营成果、工作效率、评价职工生产业绩所进行考核的主要依据。

(一)服务质量指标的含义

公共交通服务质量指标，是公交企业在一定的物质条件下，为乘客提供服务的质量目标，是公共交通服务质量管理的主要内容，对于公交企业的管理水平能够予以直接的体现。

公共交通服务质量指标能对公交运营服务生产过程的质量状况进行直接反映，从广义上说是一个综合的质量指标体系，其中包含着公交运营生产的物质质量和人员的劳动质量，是公交运营、安全、技术、服务等专业质量指标的集合，如图 1-2 所示。从狭义上说，则特指服务专业质量指标，如图 1-3 所示。这里将重点研究狭义的服务质量指标。

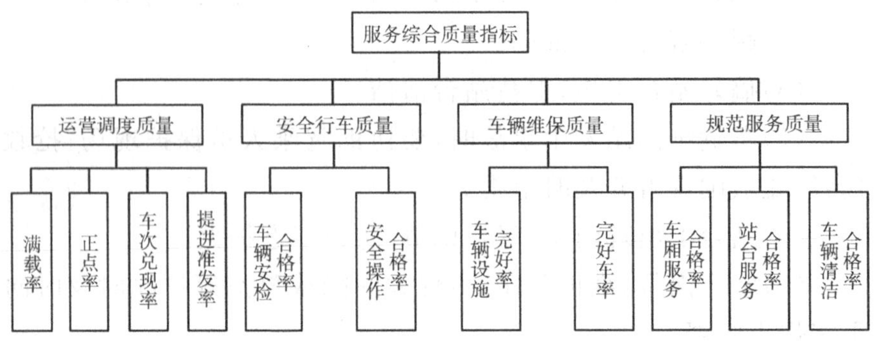

图 1-2　服务综合质量指标示意图

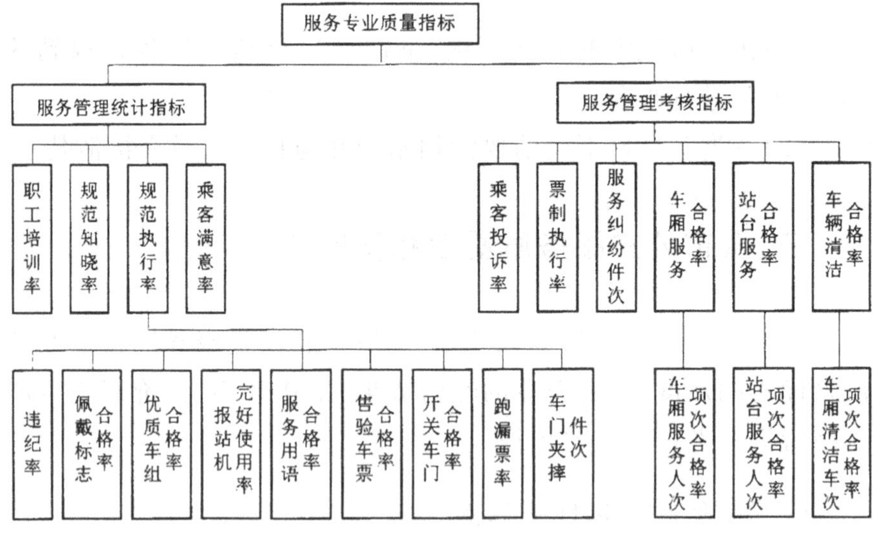

图 1-3　服务专业质量指标示意图

(二)服务质量指标的确定

对于服务指标而言,它不仅是服务专业计划中规定达到的质量指标,还是公共交通服务指标体系的重要组成部分,同时更是服务专业进行质量管理的重要依据。在进一步确定服务指标时,主要是以服务专业管理范围为界限,以专业管理对象为内容,以服务规范为依据,因此服务指标应当具有专业性、科学性和权威性。

1. 专业性

所谓的服务指标的专业性，具体是指指标的确定必须要能够符合服务专业管理的特点，服务专业管理的重点是对车厢、站台（大厅）服务中的人和事进行管理，所以，就进一步决定了各项服务指标的确定必须明确对这一特性进行体现。

2. 科学性

所谓的服务指标的科学性，则是指指标的确定必须符合服务管理的客观实际：(1)服务指标的内容确定要完善合理，避免漏洞和失控；(2)量化指标要与服务水平相适应，不能超越公共交通企业运营服务的物质条件和人员素质条件。

3. 权威性

一旦对服务指标有了明确的确定，就必须严格执行，不得随意修改。各级专业部门制定的服务指标，具有同等的权威性，要通过组织的、行政的、经济的手段确保顺利完成指标。

（三）服务质量指标的评定

1. 制定服务指标的评定标准

服务规范是服务指标的评定标准。对车厢服务标准指标的评定，应依据乘务人员的服务规范、规程；对站台服务员的服务指标评定，应依据站台服务员规范。下面简要分析一下乘客投诉和服务纠纷的评定标准。

(1)乘客投诉定性标准。要是按投诉性质，具体可划分为以下两种：

①一般投诉：服务不规范，工作不认真，态度生硬；照顾不周到，解答不耐心，不虚心听取乘客意见；因工作失误，失礼不道歉；处理违章车、月票不按章办事或不按规定补票；工作中做与工作

无关的事,引发乘客投诉。

②严重投诉:严重违反了服务纪律或因不履行工作职责,引发服务矛盾;歧视、谩骂乘客,造成较严重后果;因接待、处理失当,导致矛盾激化,造成乘客投诉;新闻批评属实,在社会上造成一定的影响。

乘客投诉的具体分析主要如图 1-4 所示,相应的乘客投诉登记表见表 1-3。

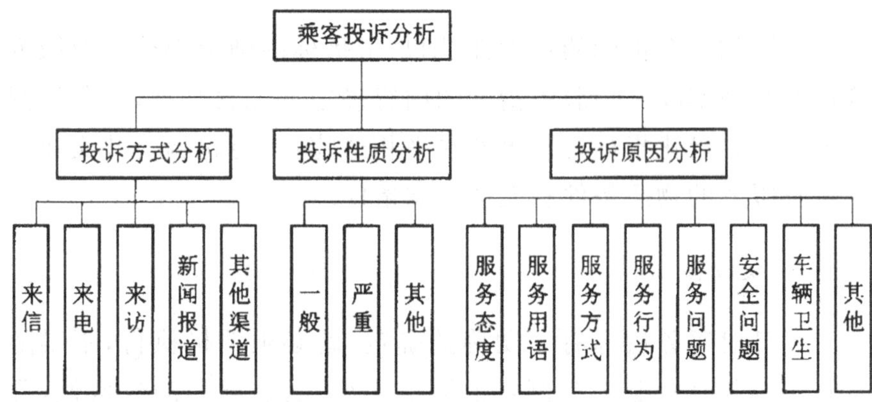

图 1-4　乘客投诉分析示意图

表 1-3　乘客投诉登记表

编号	发生日期	投诉来源	投诉分类	投诉人姓名和单位	投诉对象	投诉内容摘要	是否回访	处理结果	备注

(2)服务纠纷的定性。乘务人员在服务过程中与乘客发生争执,并造成一定后果的服务质量问题属于服务纠纷。服务纠纷既能够充当反映服务质量问题的主要标志,同时也是服务指标考核的一个重点控制指标。对服务纠纷的分析如图 1-5 所示。

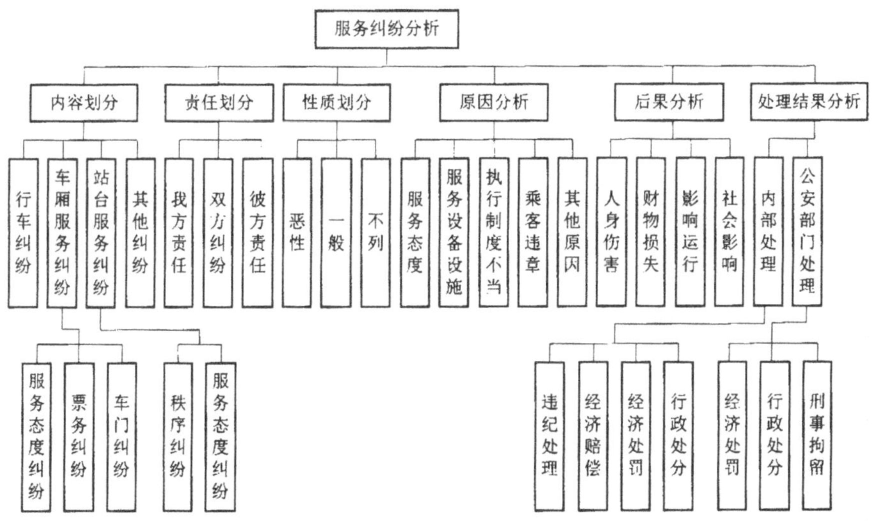

图 1-5　服务纠纷分析示意图

服务纠纷如果按性质划分的话,可分为一般服务纠纷和恶性服务纠纷。

①一般服务纠纷。所谓的一般服务纠纷,主要是因为在处理乘务矛盾不当过程中,进而所形成的一种具有影响正常运营服务的服务纠纷。

②恶性服务纠纷。造成恶劣影响的服务纠纷;造成乘客人身伤残或较大财产损失的服务纠纷;当事乘务人员被公安部门刑事拘留的服务纠纷;非当班乘务人员盲目介入,致使矛盾激化,引起严重后果的服务纠纷。对各类服务纠纷应逐件登记,填写服务纠纷登记表,如表 1-4 所示。

表 1-4　服务纠纷登记表

<table>
<tr><td colspan="6">当班人情况</td><td colspan="4">乘客情况</td><td rowspan="2">责任</td></tr>
<tr><td>时间</td><td>路别</td><td>车号</td><td>姓名</td><td>工种</td><td>到岗时间</td><td>单位和职务</td><td>姓名</td><td>性别</td><td>年龄</td></tr>
<tr><td></td><td></td><td></td><td></td><td></td><td></td><td></td><td></td><td></td><td></td><td></td></tr>
<tr><td colspan="11">事情经过：</td></tr>
<tr><td colspan="11">处理结果：

经办人：
日期：　　年　　月　　日
填报单位盖章</td></tr>
</table>

2. 明确各级服务专业组织和人员的质量职责

质量职责，就是对服务专业的各级组织、部门及各类专业人员在服务指标管理过程中应承担的任务、责任和权限所作出的具体规定。

具体地说，就是要对中、高层机关管理部门主要负责人及基层车队管理人员明确对服务指标评定、控制所担负的职责、任务及权限。中层专业管理部门的职责是对基层车队服务指标完成情况进行监督和控制；高层专业管理部门负责对中层管理部门的服务指标完成情况进行指导、协调、考核。

通过服务管理的实践证明，只有对各级服务专业管理部门和人员的质量职责予以进一步的明确，才能对服务过程中的服务指标进行有效评价和控制，使得服务质量的稳定和服务水平的提高得以保持。

本章小结

本章重点围绕城市公共交通管理作了相关的探究与论述。其中，在关于城市公共交通的特征及作用中，主要对城市公共交通的明显特征与其具体作用作了相关的论述；在关于我国城市公共交通的发展历程、现状及发展趋势中，主要围绕我国城市公共交通的发展历程、我国城市公共交通的现状以及我国城市公共交通的发展趋势进行了重点的论述；在关于我国城市公共交通服务质量管理中，主要围绕服务质量管理的基本要求、服务规范和城市公交服务质量指标管理作了相关的探究。

第二章　城市公共住房研究

住房制度的建立和完善关系到人类的生存和发展，同时也关系到社会的稳定和经济的进步。虽然在不同的国家和地区，住房有时会被当作一种消费品，依靠市场来解决，同时也可作为社会权利，主要通过政府来补贴解决。建立合理的住房体系，使社会各阶层都能得到与其收入水平相适应的住房。

第一节　我国保障性住房的发展历史

"衣、食、住、行"是百姓基本的生活需求，如何在"高房价时代"解决好老百姓"住"的问题，业已成为各级政府都十分关心的"民生问题"。尤其是在一线城市，多层次劳动力结构是维持城市正常运行的重要保障，但是对于收入水平较低、无力在市场上买房或租房的家庭，只有通过政府提供的保障性住房才能解决他们的基本居住需求。

一、中国城镇住房制度的发展历程

（一）计划经济时代的住房分配制度

新中国成立的初期，我国开始全面实施计划经济，进而实行"统一建设、统一分配"的低租金住房分配制度。由于工资水平低，租金定价也低，无法满足维护和保养住房的正常资金需求，不足部分及北方的暖气费由国家补贴。而住房建设资金主要来源于各级财政拨款，各级政府财政负担日益加重。尽管政府已经支付了很多资金用于住房建设，但是居民的住房条件并未得到明显的改善。

（二）试点售房阶段

邓小平在1978年首次提出了关于“住房私有化”“分期付款购房”的市场经济观点，突破了原有传统的住房公有制、福利制的观点。1980年6月，《全国基本建设工作会议汇报提纲》提出，“准许私人建房、私人买房，准许私人拥有自己的住宅”，正式允许实行住房商品化政策。1980年，各省、市、自治区相继进行售房试点，尝试更多样的付款政策，可一次付清，也可以分期偿还，付款年限为2～15年，贷款利率也有所差异。但是民众对新生事物的接受还有个过程，并且当时群众的收入水平不高，仅有的收入仍是优先满足吃饱穿暖的需求，截至1981年年底，全国仅出售3000套住房。

国家为了促进住房的销售，实行了补贴售房的政策，个人只需要支付房款的1/3，其余的2/3则由地方政府及职工所在的单位进行分担补贴。1985年年底，已有27个省、直辖市、自治区的160个城市和300个县镇进行了试点。但是由于企业和地方政府需承担2/3的购房款，而地方政府提供的补贴多转由企业承担，造成企业资金压力过大，同时，大多数居民仍不愿自己花钱购房，补贴售房被视为低价售房而取消。

（三）提租补贴阶段

提租补贴阶段主要的政策补贴框架是：依照住房的折旧费、维修费、管理费、投资利息以及房产税等五项因素来调整公房租金；根据调租幅度，发放一定数量的住房券，用于抵交新增租金；住房券按个人工资的一定比例发放，坚持多住房多交租和少住房可得益的分配原则；建立城镇、企事业单位和个人的三级住房基金，以形成稳定的住房资金来源；积极组织出售公有住房，同时进行财政、金融和信贷方面的配套改革。“提租补贴”在烟台、蚌埠、唐山、深圳等地的试点取得了较好的效果，不仅保证了现有房屋的维修养护和折旧费，也有效抑制了不合理的住房需求，首次体现了价格机制在住房分配中的调节作用。

（四）住房分配货币化的准备阶段

国务院在1991年发布了《关于继续积极稳妥地进行城镇住房制度改革的通知》（国发〔1991〕30号），明确地提出了城镇住房制度改革的总目标和分目标。总目标明确提出，要从改革公房低租金着手，将现行公房的实物福利分配制度逐步转变为货币工资分配制度。在分目标中提出，“八五”计划期间以改变低租金、无偿分配为基本点，公房租金计租标准力争达到实现简单再生产的三项因素（维修费、管理费、折旧费）水平；到2000年，公房租金标准努力达到包含五项因素（以上三项再加投资利息和房地税）的成本租金水平；长期目标是租金达到八项因素（以上五项再加土地使用费、保险费和利润）的商品租金水平，实现住房商品化、社会化。

党的十四届三中全会通过《中共中央关于建立社会主义市场经济体制若干问题的决定》，提出加快城镇住房制度改革，控制住房用地价格，促进住房商品化和住房建设的发展。1994年7月，《国务院关于深化城镇住房制度改革的决定》（国发〔1994〕43号）强调建立与社会主义市场经济体制相适应的新的城镇住房制度，实现住房商品化和社会化；强调推进住房公积金制度，建立经济适用住房与商品房两种住房供应体系；规定国有住房的出售收入按一定比例上交同级财政，这使产权单位缺乏售房积极性，导致在一年多内公房出售基本处于停滞状态。1995年12月，全国房改工作经验交流会指出，售房款是住房建设和住房制度改革的专项资金，以后企事业单位不再按比例上交，全部留归产权单位，从而调动了产权单位房改的积极性。

1995年，国务院办公厅发出《转发国务院住房制度改革领导小组国家安居工程实施方案的通知》，正式启动安居工程。旨在解决国有大中型企业职工和大中城市居民的住房困难，建立具有社会保障性质的经济适用住房供应体系。

(五)住房分配货币化阶段及多层次的住房供应体系

国务院在1998年7月3日，颁布了《进一步深化城镇住房制度改革加快住房建设的通知》(国发〔1998〕23号)，要求在1998年下半年开始停止住房实物分配，逐步实行住房分配货币化，建立和完善以经济适用住房为主的多层次城镇住房供应体系，发展住房金融。23号文件提出对不同收入家庭实行不同的住房供应政策：最低收入家庭租赁由政府或单位提供的廉租住房；中低收入家庭购买经济适用住房；其他收入高的家庭购买、租赁市场价商品住房。

2007年8月7日，《国务院关于解决城市低收入家庭住房困难的若干意见》(国发〔2007〕24号)提出，以城市低收入家庭为对象，进一步建立健全城市廉租住房制度，改进和规范经济适用住房制度，加大棚户区、旧住宅区改造力度，力争到“十一五”期末，使低收入家庭住房条件得到明显改善，农民工等其他城市住房困难群体的居住条件得到逐步改善。

2010年住房和城乡建设部等七部委颁布《关于加快发展公共租赁住房的指导意见》(建保〔2010〕87号)，指出“公共租赁住房供应对象主要是城市中等偏下收入住房困难家庭。有条件的地区，可以将新就业职工和有稳定职业并在城市居住一定年限的外来务工人员纳入供应范围”。

目前，我国已建立由经济适用房、限价商品房、廉租住房、公共租赁住房、棚户区改造房共同构成的多层次住房保障体系。

二、中国住房保障制度的内涵

我国的住房保障制度主要涉及三类保障性住房：一是租赁型

保障房，涵盖廉租住房和公共租赁住房；二是经济适用房；三是限价商品房，包括部分城市实行的自住型商品房。

（一）租赁型保障房制度

自1978年以来，我国的保障性住房制度以较低租金形式的租赁型保障房为主，1998年城镇住房改革实施后，租赁型保障房主要包括城镇廉租住房和公共租赁住房。从2014年起，各地公共租赁住房和廉租住房并轨。由于廉租住房存在了15年的时间，我们在这部分还是分别对廉租住房和公共租赁住房制度进行研究。

1999年《城镇廉租住房管理办法》将城镇廉租住房（简称廉租住房）定义为"政府和单位在住房领域实施社会保障职能，向具有城镇常住居民户口的最低收入家庭提供的租金相对低廉的普通住房"。《城镇最低收入家庭廉租住房管理办法》指出，城镇最低收入家庭廉租住房保障方式应当以发放租赁住房补贴为主，以实物配租、租金核减为辅；限定城镇最低收入家庭人均廉租住房保障面积标准原则上不超过当地人均住房面积的60%。

2009年，在政府工作报告中温家宝首次提到了公共租赁住房的发展问题，明确"要加快落实和完善促进保障性住房建设的政策措施，积极发展公共租赁住房"，从此掀开了公共租赁住房发展的新篇章。

2010年，住房和城乡建设部牵头，七大部委联合印发了《关于加快发展公共租赁住房的指导意见》，对公共租赁住房发展的重大意义进行了全面阐述，明确了发展的基本原则、租赁管理的方法、房源筹集的方式、政策支持的方向以及监督管理的途径等内容，是我国发展公共租赁住房的基本依据。

在2011年，国务院办公厅印发了《关于进一步做好房地产市场调控工作有关问题的通知》（国办发〔2011〕1号），明确提出了加大保障性住房建设与供应成为调控政策的重要内容，进一步强调了公共租赁住房建设的重要性，要求各地政府可以通过提供一定的资金和政策支持及补助鼓励企业新建、配建以及其他投资人参与到公共租赁住房的建设中去。

(二)经济适用房制度

我国当前的销售型保障房主要是以经济适用房为主。依照1994年7月18日《国务院关于深化城镇住房制度改革的决定》和1994年12月15日发布的《城镇经济适用住房建设管理办法》,经济适用房是以中低收入家庭为对象、具有社会保障性质的商品住宅。经济适用房按照开发商微利的价格向城镇中低收入家庭出售,具有经济性和适用性的特点,其低价格是通过土地划拨供应、免除相关税费、规定开发商的利润上限等来实现的。

以建设部为主的四部委在2004年5月14日颁布了《经济适用住房管理办法》(建住房〔2004〕77号),明确指出了经济适用住房是具有保障性质的政策性商品住房:确定经济适用住房要以保本微利为原则,严格控制在中小套型,中套住房面积控制在80平方米左右,小套住房面积控制在60平方米左右。

在2007年11月,建设部等七部委联合发布《经济适用住房管理办法》,规定了经济适用房的优惠政策、开发建设、价格确定、交易管理、集资和合作建房、监督管理等,经济适用住房面向城市低收入、住房困难家庭供应,是具有保障性质的政策性住房,限定经济适用住房单套的建筑面积控制在60平方米左右,经济适用住房购房人拥有有限产权。全国各城市陆续出台了城市居民申请经济适用房、廉租住房的相关准入标准,包括家庭收入、住房、资产准入标准等。

我国政策的构想是通过经济适用房来解决城镇地区大多数居民的住房问题,在现实生活中,经济适用房是可以解决部分中低收入家庭的住房问题,但是经济适用房占房地产业的投资比例面积是逐年减少的,其原因是:经济适用房的价格远低于位置相近的普通商品房、5年后可上市交易,市场供不应求,以低价获得房产的权力容易滋生寻租问题,很多不符合经济适用房申请条件的家庭申请到了1套甚至多套经济适用房。同时,由于经济适用房的"低价位"特点,在经济适用房建设过程中出现了质量不合格、区位远、交通不方便、打着经济适用房的招牌建设豪华商品房等问题。

我国保障性住房制度的思路是让"居者有其屋",但是在监管不完善的情况下,以低价拥有房产的权力容易滋生腐败,与"拥有产权"相比,"天下寒士"更急需的是房屋的"居住权",因此,未来我国的保障性住房制度将以公共租赁住房为主。

(三)限价商品房制度

建设部、国家发改委等九个部门联合在2006年5月出台了《关于调整住房供应结构稳定住房价格的意见》,其中指出,要优先保证中低价位、中小套型普通商品住房以及廉租住房的土地供应,其年度供应量不得低于居住用地供应总量的70%;土地的供应应在限套型、限房价的基础上,采取竞地价、竞房价的办法,以招标方式确定开发建设单位,意见中提到的"限套型""限房价"的普通商品住房,后来被称作"限价商品房"或者"两限商品房"。

限价商品房采取的是"限房价、竞地价"的方式,当土地挂牌出让时,限价房就已经限定好房屋的价格、建设标准以及销售的对象,政府对开发商的开发成本和合理利润进行测算后,设定土地出让的价格范围,从源头上对房价进行调控。也有人认为限价商品房是介于普通商品房和经济适用房之间的住房,限价商品房与经济适用房都是为了解决中收入家庭的住房困难,价格低于周边临近位置的住房,具有住房保障性质。

此外,限价商品房与经济适用房有三点不同:一是土地方面,经济适用房的土地是地方政府无偿划拨的,而限价商品房的土地在出让时须交纳土地出让金;二是价格方面,在首次认购时,限价商品房的价格一般比周边房价低20%~30%,而经济适用房通常比限价商品房的价格更低,在满5年后出售时,限价商品房的价格由市场价格决定，经济适用房的价格执行政府指导价；三是租售政策不同，经济适用房只售不租，限价商品房可售可租。

在北京，限价商品住房的申请人必须要有北京市户籍，人均住房面积不得高于15平方米，三口之家的收入不得高于8.8万元、家庭总资产净值不高于57万元，四口之家的收入不高于11.6万元、家庭总资产净值不高于76万元。限价商品住房的套型面积以90平方米以下为主。限价商品住房满5年出售时，需按照同地段普通商品住房价格和限价商品住房价格之差的35%交纳土地收益等价款。之后，北京市住建委又推出了自住型商品房，其定价与限价商品房类似，购买对象更宽，主要面向买不起普通商品房、又不符合保障房购买资格的“夹心层”。

当前，一些人口密集、房价较高的城市，如北京、天津、上海、广州、深圳、厦门以及青岛等城市都退出了限价商品房政策，很多城市都限定了申请人员的户籍，北京、西安和宁波还对户籍年限有所限制，大部分城市的限价商品房限制在八九十平方米以下，并规定一定年限(3年、5年、8年、10年)内不得转让。

第二节　我国住房保障制度现存问题

目前中国住房保障体系可分为产权式保障和租赁式保障两种方式，基本形成了以产权式保障为主、租赁式保障为辅的保障住房供给体系。中国住房保障体系存在着以下主要问题。

一、现有的保障住房供给体系是一种问题导向的“补丁式”制度设计

不同的保障住房供应模式的出台都有相应的背景。在20世纪90年代推行住房改革市场化，彻底切断了住房实物分配，导致

了经济适用住房政策的出台。实行住房分配市场化、社会化的产物,其目的是通过准市场化方式解决中低收入家庭住房问题,同时,也包含着对未享受传统的福利性质的住房的居民给予一次性补偿。廉租住房是为了解决低收入人群居住困难问题,向具有城镇常住居民户口的最低收入家庭所提供的租金相对低廉的普通住房;限价商品住房政策的出台,既是为了解决全国房价高涨背景下"夹心层"人群住房消费能力严重不足问题,也是为了解决旧城改造下的拆迁户安置问题。这种"头痛医头,脚痛医脚"的补丁式住房保障设计,固然可以更有针对性地解决某一特定时期的突出矛盾,但是由于缺乏整体性的制度顶层设计,使之在内容框架、衔接协调上存在内生性的不吻合。

如制度设计与制度背景不吻合:经适房与廉租房土地划拨的制度设计,就与中国地方政府对土地财政高度依赖的制度背景不吻合,使得保障住房土地长期供给不足;如制度目标的短期性:限价商品住房的目标之一是对其房价进行限制,但其商品性质使限价房的定位陷入了尴尬的局面。

二、现行的保障住房供给层次划分标准不科学,造成保障住房分配极不公平

现行的住房保障供给体系中,经济适用住房、公共租赁住房、廉租住房的准入条件是以人均可支配收入标准和人均住房面积为标准,而集资建房、合作建房及限价商品住房是针对特定人群的。针对特定人群的保障住房,其准入条件宽泛,不受收入水平和住房状况的限制,由是不是建房单位的职工或是不是城市更新改造的拆迁户决定,这造成保障住房分配的社会不公平。

如集资合作建房按照文件规定,主要应针对距离城区较远的独立工矿企业和住房困难较多的企业职工。"住房困难较多的企业职工"这一条件过于宽泛,没有量化规定。申请集资合作

项目更多的是有实力的国有企业、事业单位，利用单位自有用地，享受集资建房政策优惠，政府不直接负责房源的分配，由企业自行确定分配对象（大部分企业职工多为非住房困难家庭或已有住房）。

而城市拆迁户除货币补偿外，每户还以较低的价格获得一套或几套限价房。以收入水平和住房状况为分配标准的经济适用住房、公共租赁住房、廉租住房，其划分标准也不科学，是一种跳跃式的、断层式的住房保障体系，主要体现为保障对象的断层与保障利益的“悬崖效应”。

其一，保障对象的断层。由于当前住房保障准入条件比较严苛，其最直接的后果就是会出现大量的问题，即会出现各种既不符合廉租住房的条件，同时又无力购买经济适用住房的人群以及既不符合购买经济适用住房条件，又无力在市场上购买商品住宅的人群，导致“应保未保”现象的出现。以解决“夹心层”住房问题为目标的住房保障分类供应体系，在客观上反而促成了更多“夹心层”的形成。

其二，保障利益的“悬崖效应”。在当前，各种住房保障政策通常都是依照收入标准来界定准入条件，具有一定收入的居民才有资格享受住房保障，没有收入的居民则没有享受的资格，由此造成住房保障福利严重的“悬崖效应”。两者享受的福利少则上万元，多则达到几十万元，有的城市达上百万元。这无疑会促使部分保障对象为享受某阶层的住房保障福利而主动放弃自身的发展机会，造成住房保障的“福利陷阱”，使得保障对象缺乏自我发展的愿望。这既挫伤了整个社会劳动致富的积极性，又对劳动力市场产生挤出效应，削弱了住房保障对社会福利的总体提升。另外，同一保障层次内也存在着横向不公平。从理论上说，同一层次的保障对象应给予相同对待，不应有任何的歧视性和不公平待遇，但实际上同一层次的保障对象却获得不同水平的住房保障。

三、保障性住房运作机制不完善

(一)进入与退出机制缺失

目前,符合申请保障的条件实行的是收入水平或家庭住房状况两个标准,且各职能部门未形成有效的协调机制,同时又由于居民的收入是很难把握的,出现了不符合条件的人享受保障住房的现象,造成了保障住房分配不公平、不公正的现象,不能发挥出公共住房资源的作用。

以实物分配方式为主的住房保障体制不利于构建保障住房的动态调整机制和退出机制,比如已享受政府提供的保障性住房者,当其收入水平提高后,很难让他们退出。

(二)政府压力较大

划拨经济适用住房的土地行为,可以免除城市基础设施配套费等各种行政事业型收费和政府性基金,经济适用住房项目外的基础设施建设费用,由政府来承担。经济适用房的开发建设,政府还要给予财政补贴;在廉租房的投资支出中,中央政府负担1/3,地方政府负担2/3,同时还要承担后期的管理、维修等费用,这使得地方政府压力较大。

(三)政策的执行成本高

对于经济适用住房来说,属于政策性住房,因此,为了使经济适用性住房能够依照政策设计者的初衷来运行,政府就需要从开放到消费各个环节上建立严格的监督机制,其中包括了监控经济适用住房的建设、销售价格、购买对象等,以保证公共福利政策的严肃性。这就要求政府将政策监管的范围扩大到审查开发商资信、审核居民家庭收入水平、监督经济适用住房的流通和分配等全过程。这无疑增加了经济适用房的行政成本。

第三节　公共住房问题的国际经验借鉴

一、美国公共住房经验

(一)美国的住房体系

1949 年,美国在《住房法案》中提出,对于每个美国家庭来说,都应该有一个“体面的住房以及居住环境”。在这个条件下,美国政府制定出了一套各级政府层层介入的复杂住房系统。

美国政府主要通过 3 种形式解决居民的住房问题:通过发达的住房金融为中上等收入者提供商品房融资;利用财政补贴帮助中低收入者租房;利用包容性规划、基金和债券等提供低租房(图 2-1)。

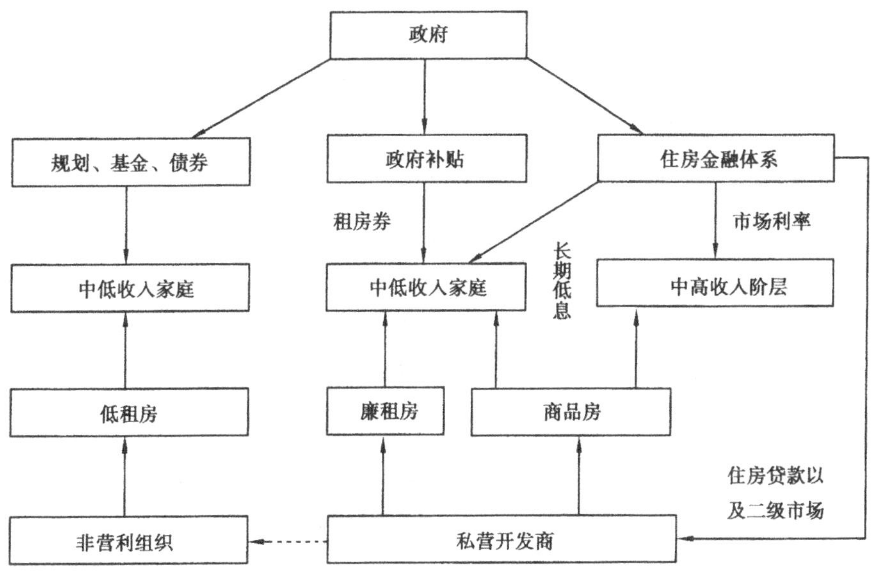

图 2-1　美国住房供应体系

住房政策是美国政府公共政策的一项重要内容，其主要的核心是帮助低收入者来解决住房问题，不仅鼓励建造低收入者“住得起的住房”，同时还通过担保贷款等方式帮助居民拥有自己的住房，实现社会稳定经济增长的目的。美国有较完善的住房金融体系，通过灵活多变的金融工具，结合政策、税收、行政等手段，政府有效引导住房领域内社会资本的流动。

美国住房系统中最重要的作用就是通过各类政府补贴来改善家庭的住房消费，如住房所有者可以从个人纳税收入中减免住房抵押贷款的利息支出以及免除住房交易中的资本所得税，这些税收优惠大大降低了中高收入群体的购房成本。仅抵押贷款利息扣除这一项每年给美国政府造成的税收损失估计就高达1000亿美元。

对于各种以租房为主的广大低收入家庭，美国政府提供了各种形式的住房补贴，在2010年，约有660万低收入租户收到了联邦政府各种形式的补助，共计约440亿美元。美国政府自第一次世界大战期间为军工人员建设住房后，颁布了一系列的低收入住房政策，可以归结为三种模式。

第一种模式是公共住房，即由政府直接建设拥有，主要为低收入家庭提供的住房。自20世纪30年代推出，主要应对经济大萧条带来的住房问题，历史最为悠久。

第二种模式是由政府和通过合同委托私营部门为低收入者建造（或更新改造）住房，这些房屋由私营部门建设和运营，政府只提供资助。以20世纪70年代的基于项目的第八法案和20世纪80年代的低收入住房投资税收减免政策（LIHTC）为代表。

第三种模式是向符合收入标准的低收入家庭直接发放租房补贴，起源于20世纪70年代的基于租户的第八法案，现更名为住房选择券政策。这三种政策模式的目标都是给低收入家庭提供适宜住房。在前两种模式中，政府积极介入住房开发过程，因此也被称为供给干预模式。第三种模式的住房券提高了低收入家庭的支付能力，鼓励他们到市场上自主消费，因而被看作需求干预模式。经过多年的政策演变，美国的住房政策逐渐偏离了公共住房模式。取而代之的是由私营部门积极参与提供低收入住房、政府提供资助的政策框架。同时，美国的住房政策也越来越强调为低收入家庭提供好的社区环境，为他们提供更多的社会经济发展机会。

（二）美国公共住房类型

1. 政府直接投资建设的公共住房

20 世纪 30 年代，联邦住宅管理局就通过利用贷款和补助金资助地方建造公共住房供应低收入的家庭。自 20 世纪 90 年代后，地方政府就已经逐渐获得了建造、拥有和经营公共住房的权利，一般由半自治性质的地方公共住房委员会进行。1982 年，公共住房约占住房总量的 1%，联邦住宅管理局拥有其中的 130 万套。目前，大约有 120 万户美国家庭居住在公共住房项目中，这些项目由大约 3300 个地方住房机构运作。负责公共住房项目的是“住房与城市发展部”下的公共和印第安住房局(Public and Indian Housing，PIH)。这类公共住房的服务对象是符合条件的低收入家庭、年长者以及残疾人。低收入家庭定义为全国或当地城市收入中位线 80%以下的家庭，极低收入家庭是在收入中位线 50%以下的家庭。不同地区的公共住房项目对申请者收入的限制也不同。

联邦政府同时向各地的公共住房委员会提供资金，进而为每个低收入的家庭提供公共住房基金。公共住房的开发有两种模式：在公众房产管理局 PHA(Public Housing Administration)拥有的土地上，雇佣承建商开发由“住房与城市发展部”批准的项目；公共住房委员会通过招标的形式，寻找符合条件的开发商，开发商在自己的土地上按照 PHA 的要求开发项目，竣工后出售给 PHA。

住房和城市发展部 HUD(Housing and Urban Development)每年向 PHA 提供的资金分为两类，即公共住房运营基金(public housing operating funds）和公共住房资本基金（public housing capital funds）。其中公共住房营运基金用于满足 PHA 在公共住房项目上的管理、运营、日常维护等支出。公共住房资本基金用于满足公共住房条件的改善，包括开发、翻新、拆除破损住宅等。如果 PHA 当年所获得的资金不足以满足当年改善公共住房条件的需求，它也可以将未来获取的补贴资金为抵押，从私人金融机构借款。

2. 政府补助、私人机构或作营利机构开发所有的低收入住宅

自 20 世纪 60 年代后期，由于公共住宅的供应需求，政府推出了一系列提高低收入住宅开发利润空间的金融激励制度，包括提供低于市场利率的贷款、所得税优惠以及提供年度经营补贴等。作为获取条件，私人开发企业必须同意将开发的项目出租给低收入家庭，并设定低于市场的租金水平以满足这些家庭的支付能力。这种鼓励私人机构参与的模式大大刺激了私人企业的积极性，有效地提高了低收入住宅的供应量。但在 20 世纪 70 年代中期后也暴露出成本高、质量不佳等弊病。随着保障从补贴供给向补贴需求方的转变，20 世纪 80 年代开始，联邦政府对低收入住宅开发补贴的力度减小。

在美国，相关的公共住房政策通常都是以政策的形式来进行公布与执行的，主要包括“住房与城市发展部”保留的公共住宅项目和公共住房改造相关的 HOPEVI 项目，社区发展拨款计划（Community Development Block Grants，CDBG）以及由联邦政府推动的低收入住宅税收返还政策（Low Income Housing Tax Credit，LIHTC）。

低收入住宅税收返还政策指的是联邦政府每年会给各州分配税收抵扣的最高限额，建造公共住房的开发商可能在 10 年内每年接受所得税的直接抵扣。开发商获得返税额度后，可将其卖给包括银行在内的投资机构。这些机构买入税收返还额度以降低自己的税收负债，而开发企业则通过这种方式实现融资，降低了项目的债务成本。

3. 直接收购已有住宅

美国国会在1965年通过“住房与城市发展法”规定了地方住房机构可以进行购买、租赁、修缮私人房屋作为公共住房的补充，进而提供给低收入家庭居住。私有房产主作为公共住房的开发者与建造者，政府机构作为所有者和管理者，不同于传统公共住房模式。为低收入住户提供了更多的住房选择，同时也为地方住房管理部门提供了更多的选择，他们既可以利用联邦拨款修建公共住房，也可以采取其他方式获取已经兴建的存量住房，在一定程度上能够避免过去公共住房建设周期长、对社区破坏大等缺点，具有很大的灵活性。

此外，美国的联邦政府还找到了能够吸引私人开发商参与公共住房建设的方法。在此之前联邦政府利用征地权吸引私人房地产开发商参与公共住房建设，结果清理大于建设，商业开发多于住房开发。而根据1965年住房法案，私人住房可以转化公共住房参与房租补贴计划，如私人开发商建造的私人住房被政府机构看中，政府或者按市价直接购买为政府管理的公共住房，或者批准该房产可以向公共住房申请者出租，并为申请者提供房租补贴。在这两种情况下，私人开发商都没有什么损失。再加上私人住房的建设无论从选址、结构还是造价方面都不受政府限制，放宽了私人开发商追求利润的空间，提高了他们的投资兴趣。建造作为公共住房补充的私人住房，成为20世纪60年代之后美国私人开发商住房开发的投资热点。

4. 既有公共住房的改造——公共住房改造相关的HOPEVI政策

公共住房在改善低收入家庭居住条件方面取得了很大的成功，但是大多数的城市中由于公共住宅在建造上质量较差，缺乏维护，房屋也迅速地破败，同时由于兴建过于集中，公共住宅社区往往沦为贫民窟，毒品泛滥，社会问题集中，居民生存环境恶劣。

在这一背景下，国会通过了公共住宅的拆除重建计划，即公共住房改造相关的 HOPEVI 计划。“住房与城市发展部”通过竞争机制每年向各地的公共住房委员会提供一定资金，用于拆除或重建已经毁坏的住房，支持社区建设，改善居住服务。

各地公共住房委员会在如何进行改造上拥有较大的自主权，一般倾向于将高密度的社区改建为低密度的联排别墅和花园公寓，并将公共住房和普通住房混建，以避免贫民窟的出现。社区密度降低意味着一部分原有住户必须另觅居所，因此，公共住房改造相关的 HOPEVI 项目往往和租金券项目结合，对这些需要迁出的家庭实施补贴，以便他们能够顺利在市场上找到合适的住房。

5. 促进社区复兴——社区发展拨款计划政策

社区在发展拨款计划中，“住房与城市发展部”每年都向地方政府提供资金，进而来满足一系列社区开发活动的需求，同时包括了社区的复兴，社区的增长，社区各种设施以及服务的改善。地方政府在资金的运用上拥有较大的自主权，但所有在社区发展的拨款计划项目至少应满足以下要求中的一条：改善中低收入家庭的居住条件；防止或消除贫民窟，避免社区陷入衰退；满足其他较为迫切的社区发展需求。获取的社区发展资金可以用于购置不动产、翻新物业、增加或改进公共设施、清洁、家庭购房援助以及作为对营利机构参与社区发展活动的补助。地方政府需要保证其中不低于 70%的资金在一段时期内是用于改善中低收入家庭住房条件的。

(三)美国公共住房经验的启示

美国的发展，很大程度上都是依靠市场来解决中低收入人群的各种居住问题，政府通过各种政策手段来鼓励和引导开发商以及投资者增加公共的供应情况。经过 100 多年的探索，美国形成了较为完备的住房政策保障体系，通过政府补贴、贷款、税收、担保等金融工具的综合运用，刺激私人企业供应公共租赁住宅的热情。美国公共住房发展的启示有：

促进租赁住宅市场发展，形成完善的租赁市场制度。美国的公共租赁住宅政策之所以能够有效运营，是建立在一个成熟的租赁市场的基础上。

强化对各类金融工具的驾驭能力。一个具体的公共租赁住宅项目，在资金安排上通常享受多种政策补贴，否则项目的资金和收益率难以保障。此外，综合运用各类金融工具，也加大了政策的灵活性，能够针对不同的情况作出有效的安排。

构建多层次、行之有效的住房保障体系。美国公共住房起源于解决住房短缺的问题，在其发展过程中，又将低收入人群纳入其保障体系，使保障体系不断完善、合理。

注重形成公共租赁住房合理的投资收益机制。通过市场手段，合理引导社会资本的流向，提高公共租赁住宅的投资收益率，则更有可能获得长期有效的政策效果。在住房极度紧张的地区，政府可以通过直接介入的方式增加公共住宅的供应，缓解供需矛盾，但从更长远的角度看，要充分引入私人机构、非营利机构进入住宅保障体系。

二、英国公共住房经验

（一）英国公共住房政策

1. 英国现行公共住房运作体系

英国的公共住房根据房屋的来源不同分为议会住房（Council Housing）和社会住房（Social Housing）。议会住房由社区及地方政府（Communities and Local Government，CLG）提供，社会住房由社会房东（Social Landlords）通过住房协会（Housing Association，HA）提供。中央政府通过家庭及社区管理局（Homes and Communities Authority，HCA）向住房协会提供资金支持。家庭及社区管理局与租务局（Tenant Service Authority，TSA）是依据2008年《住房与重建法案》（Housing and Regeneration Act）同时成立的两个半政府性机构。英国目前的公共住房的运行结构大致如图2-2所示。

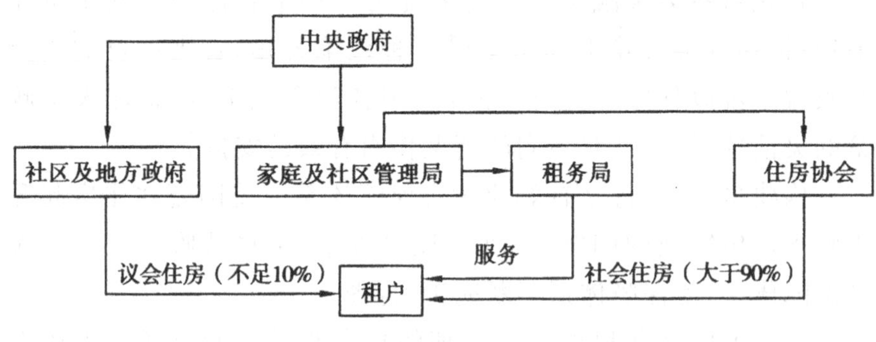

图2-2　英国目前公共住房运行结构

其中，社区及地方政府的作用是帮助各地方机构交付高质量的公共住房，提高公共住房的灵活性并且保护弱势群体。

租务局作为独立的公共住房调节者，与公共住房房东及租户共同协作为居民提高各项住房租赁相关的服务标准。

住房协会不受政府或半政府机构的约束。他们提供社会住房的同时也接受并处理根据相关法律有权申请社会住房的户主所提出的住房分配申请。

家庭及社区管理局的作用是与其地方合作者协同努力，在住房及重建方面利用其技能及投资资金以满足当地社区的需求，创建新型公共住房及兴旺和谐的社会。

在英国，政府鼓励现行的、隶属于地方政府的管房机构，进而改造为私人合作以及非营利性质的住房协会，由住房协会整体购买现在管理的公房，成为社会性房产主，并依靠租金收入对所拥有的公共住房进行维修和管理。现在住房协会的发展趋势是区域内合并成为大型的住房协会。

2. 公共住房的支持政策

(1)与住房租赁相关的支持政策。住房租赁过程中有两个因素需要平衡,一个是住房是否负担得起,二是用于投资的资源是否充足。英国政府在几十年的实践中不断调整相关的政策,利用有限的资源实现公共住房的目标。

当面对低收入人群时,在住房方面主要是通过降低租金水平以及提高其用于住房的资金来实现。1988 年起,住房协会投资新建社会住房的资金来源,采用中央财政补助和社会资本债务融资相结合的方式。在该体系成立之初,住房协会获得的中央财政的资金补助成本比例高达 90%,随着租金的提高以及各住房协会之间的竞争,资金补助成本比例在 20 世纪 90 年代中期下降到 60%,目前约为 50%。因此,住房协会不得不大规模接触社会资本,从私人协会或者银行贷款,还通过担保中介、房屋金融公司等途径获得贷款。通过住房福利、退休养老金、税收减免或者收入资助等各种降低住房租金的政策,议会住房的租金和社会住房的租金都低于市场租金水平。其他私人房东也可以通过政府补助或税收优惠降低租金水平。租户则根据其支付的租金及所享受住房福利情况的不同,可以获得不同程度的援助,援助的方式和程度较为灵活多样。

自 1990 年起,城市规划成为资助社会保障住房和其他形式保障房的一种方式。对于开发商来说,当拿到规划许可后就可以在一个基地上建造房屋,这块基地的价值就提高了,这就是所谓的“规划增益”。这一规则被越来越多地用于社会住宅和其他形式的补贴性住房,成为社会住房的一个重要资金来源。

(2)与住房所有权相关的支持政策。过去,英国一直采用的是抵押贷款利息减免税制支持自有住房制度,依照利息可以抵扣所得税,进而有效降低房屋的成本。虽然这个制度已经被终止,但自用房相比于其他类型的资产享受更多的税收优惠政策。除此之外，折扣购买权（即租户能够以低于市场价格水平的价格购买其已经长期居住的社会住房）也是一项重要的住房所有权支持政策。

（3）住房福利。1988 年设立的“住房福利条例”取代了原来对议会住房租户的“租金返还”及对私人住房租户的“租金津贴”。该项福利由地方政府部门支付给所有符合条件的租户，金额大小由户主的收入状况、家庭储蓄情况、家庭人数和支付的租金数额决定。住房福利不能用于支付抵押贷款或食物、燃料及其他能包含在租金里面的服务性收费。各地的住房福利水平由独立的租务专员通过调研确定。

（4）其他支持政策。财政政策、私人投资、税收减免、现金福利等，也通过支持住房政策使低收入人群、弱势群体及住房困难者能负担租金。

3. 公共住房政策的其他方面

英国政府不但关注新建公共住房的数量，还关心住房质量的改善、住房的维护以及提供给租户的服务等。

（1）关注住房质量。2010 年，英国政府发布了《安居计划》（Decent Home Programme）执行情况的报告：公共住房的质量状况以及现行标准在过去的 10 年有了一定的提高，但是地方政府提供住房中的 37％以及住房协会提供住房中的 23％都不能够满足政府原定 2010 年的安居标准。

对社会房东提供住房要求是为了能够满足特定的房屋性能，对议会提供房屋要求是满足政府制定的房屋管理性能指标（Performance Indicators，PI），进而鼓励所有社会住房提供者稳定并持续地提高租户满意度。

（2）使住房分配更公平、合理及周全。在英国，现行的住房分配体系采用的是积分制度，对于租户来说，可以在一个或多个住房协会申请社会住房。政府设立了一套详细的计分标准从住房条件、保障性、社会、经济等方面来进行评估。

(二)英国公共住房建设经验的启示

1. 通过立法保障公共住房体系运行

无论是哪一个阶段,英国在实施公共住房政策时,都先制定或完善相关的法律法规,进而在实施政策的过程中有法可依,提高可操作性。英国制定了《住房法》《住宅与建房控制法案》等,建立了相对完整的住房法律体系,明确各级政府在解决居民住房问题中的责任。英国政府在城市整体规划中考虑住房保障因素。分散建房是解决原来公房建设中存在的众多社会问题的主要途径,英国政府希望不同收入、不同文化背景的居民能够混居,新的公房建设都采取零星建设的方式。同时,政府通过规划手段,强制要求新建住宅项目必须配建低收入居民住房,要求占项目建设总量的15%～50%(实际平均25%)。通过规划政策发展租赁性住房,提供资金来源,解决低收入人群住房问题。

2. 满足不同层次租赁群体的住房需求

对于保障对象来说,住房支付能力之间有很大的差别,与之对应的住房保障制度必须分层次适应不同保障对象的具体需求,提供不同水平的保障方式。英国财政部、环境交通和区域部、社会福利保障部3个政府部门,从利率政策、住房政策的制定和实施,公共住房建设与维修资金的分配、公房优先购买权政策的实施、帮助失业居民还贷等方面保障不同层次居民的住房需求的实现。

3. 鼓励私营机构进入住房租赁市场和住房保障市场

由于政府的保障能力有限,对于公共住房的中央财政拨款和地方政府批准筹措的建房资金都受到了政府的限制。住房协会作为私营机构不受这些因素的制约,可以通过贷款解决资金短缺问题,有利于加快住房建设和维修资金的筹措。中央政府的住房保障预算资金除向地方政府拨付外，也直接拨付给住房协会。因此，英国通过为私营机构提供税收和政策上的优惠，鼓励私营机构进入住房租赁市场和住房保障市场，鼓励多方主体参与解决住房问题。

三、我国对国际公共租赁住房经验的借鉴

（一）多样化保障形式

1. 租金补贴

国际上所普遍适用的租赁型住房保障模式是租金补贴，其主要的优势在于可以直接补贴需求者，住宅供应方仍然可以收取与市场等价的租金，可以大量促进存量房的利用，方便各家庭根据自身具体情况选择居住地。

租金补贴具体的形式可以表现为现金津贴和租房券。在英国，政府对租住私房的家庭提供现金津贴，数额参照当地公房的公平租金以及家庭收入情况而定。美国则是由美国住房与城市发展部提供租房券，运用差额补贴保证任何家庭在住房上的支出不应超过家庭总收入的30%，这也是美国最大的住房补贴形式。德国的房租补贴数额是根据家庭人口收入及房租支出情况确定的，低收入居民实际交纳租金与可承受租金差额部分由政府负担，可承受租金一般按照家庭收入的25%确定。韩国基本生活保障规定，收入低于最低生活费用标准的家庭，当地政府应给予住房补贴。

租金补贴这种形式在我国也有很好的适用性。它不仅有助于保护和利用现有存量房，还可以让低收入家庭到住房市场上自由选择住房，没有选租租金较高住房的家庭，可以得到他们节省下来的租金份额，使得公共租赁住房的保障作用具有灵活性。

2. 房租折扣

房租折扣这种保障方式需要政府审核申请人的经济状况，判断其支付能力，在公平房租的基础上给予一定的折扣，目前这种保障方式主要在英国应用。英国政府 1971 年提出“公平房租”，就是将公房租金与市场租金水平保持一致，当公平房租价格高于以往公房的福利性房租时，通过提供房租折扣形式保障低收入者的住房需要。这种保障形式可以克服单纯的租赁性保障房的缺点，让支付的租金水平与收入水平相关，更加合理，但是也会加重地方政府的工作量，在管理制度上可能出现一些问题。

3. 房租管制

保障性住房的核心是保障公民的基本居住条件，因此政府在公共租赁住房中运用房租管制手段可以有效保障租户权益。运用房租管制最成功的国家是德国，该国要求各地政府按照不同区位、不同结构和质量的房屋，分别提出相应的指导租金水平，作为住房出租人和承租人确定住房租金的参考标准。此外，中国香港的公共租赁住房体系将房租定于住户收入中位数的 15%或以下，平均租金占住户收入的 7%左右，也可以看作租金管制的一个特例。

租金管制可以在一定程度上扩大保障范围，使更多家庭的基本居住需求得到满足，但是对于房屋出租市场的正常运转有一定影响，不利于房屋出租市场的扩大和住房维修。租金管制适宜在住房供求矛盾较激烈时使用，供求矛盾缓解的时候取消。

4. 低租金住房

低租金住房是在房屋租金定价时采用较低的租金，一般为市场的 1/6～1/3，使更多中低收入家庭选择租房而不是买房。低租金住房可以降低市场上对购买性住房的需求，同时对稳定房价有一定的积极作用。各国的低租金住房一般是针对政府部门提供的公共租赁住房，如英国居民租住公房，房屋的租金由政府限制为居民收入的10%。法国近1/4的人口居住在低租金住房中。日本《公营住宅法》规定，公营住宅的租金由户型、面积、住宅楼的结构、新旧程度等确定，是周边同等条件住房租金的1/4～1/3，可以看成低租金住房的一个典型。同时，将居住者的收入分为6个级别，收入越低房租也越低。如果入住后收入提高，特别是平均月收入超过20万日元的情况下，房租将大幅度提高，以此促使收入超过规定限额者搬离。这样就形成了一种有效机制，确保公营住宅能够提供给真正需要帮助的人。在公共租赁住房中实行低租金政策，有助于满足中低收入家庭居住需求，同时缓解住房市场的购买性需求，促进住房市场健康发展，但是要同时结合公共租赁住房的退出机制，便于统筹公共租赁住房的房源和保障政策运行，实现公共租赁住房的再供应。

（二）完善的租赁市场

当前，居民所出现的"重购轻租"的心理现象主要是与我国的住房租赁市场不发达、不规范有很大的关系，我国应该借鉴保障性住房制度完善的国家以及地区的相关成功经验，通过使用法律、政策等手段来有效规范住房租赁市场。要实现房屋租赁市场健康发展，让租房成为更多人的选择，其核心就在于保护和扩大租房者的权益。因此，必须完善相关配套制度，使租房者能拥有或享受教育、社区公共服务设施等房主才拥有的权利，加强对租赁合同的完善和保护，确保租赁合同对承租方权利的充分保障及规范履行。同时，政府可采用自建、鼓励社会力量参与建设、收购存量房等多种方式提供公租房房源，弥补和引导我国住房租赁市场的健康发展。

（三）健全的管理体制

任何制度的正常运行都需要一定健全的管理体制来进行保

障。在公共住房制度比较成熟的国家都有一套行之有效的专业管理体系，这个管理体系是由不同的机构组成，这些机构从功能上可以划分为决策层和执行层。决策层负责制定政策和长期发展计划，负责与计划、财政金融、土地、法律建设等部门协调运作；执行层负责具体落实公共住房建设和运行。

各个机构协同合作，共同完成公共住房的科学管理。比如，韩国设立了国家住房政策审议委员会，作为公共住房的决策协调机构；执行层是建设交通部，专门负责建造面向中低收入阶层的出租公房。新加坡成立半官方专门机构“建屋发展局”，负责统一投资和组建保障性住房（即组屋），主要任务包括规划、建造和管理所有公共住房。

为中低收入家庭提供住房，需要统筹征用土地、拆迁安置、规划设计、安排建造、出租出售管理和物业管理等一系列工作，这些工作均分属不同部门管理，存在衔接不畅的问题，因此在公租房建设中应该统筹协调各管理部门，完善管理体制，使各个环节运行通畅。

（四）良好的金融支持体系

为了使保障性住房体系能够有效地进行下去，许多国家都运用了各类金融工具，建立了良好的金融支持体系，提供了良性循环的住房保障资金筹措渠道。新加坡完善的公积金制度帮助居民解决购房的支付能力，同时也给“居者有其屋”的住房保障政策提供了有利的金融支持。

日本的住宅金融公库、德国的住房储蓄制度都为购房者提供了金融支持，提高了支付能力。美国不仅向住户提供低息贷款，还利用基金债券等金融机构为保障性住房建设提供资金，建立了发达的住房金融系统。因此良好的金融支持体系是保证保障性住房体系良好运行的前提和基础。

（五）通过产业化保障质量和性能

公共租赁住房可以为人们提供居住的空间，同时也说明了一种生活方式,公共租赁住房的质量和性能直接决定了中低收入家庭的居住舒适度以及住宅的耐久性。

日本公库住宅的质量标准高于一般建筑法规和社会平均水平,这不但保证了适合于长期融资的财产价值和耐久性,而且对提高全社会的建筑质量水平作出了很大的贡献。日本对住宅性能进行评价的标准和规范也多以公共住宅的经验和研究为基础来制定,并由其率先执行。依托住宅产业化建设公共租赁住房,是提升公租房建设质量和性能的重要途径。

日本在公共租赁住房建设中大力推行公共住宅用标准部品制度,规格统一、档次有区分,可满足各地公租房建设不同套型的多样性需求。在公租房建设中导入 CSI 住宅建筑体系,提高建设质量和效率,增强耐久性。同时,通过以政府主导的公共租赁住房建设为契机推动建筑技术的发展,带动住宅产业整体的发展。

(六)非营利性组织或社会机构合作

多个国家在保障性住房的开发建设中都寻求与非营利性组织或者社会资本合作的方式,住房合作社、私人机构在提供住房方面起到了很大的作用。美国和日本都鼓励私人机构兴建公屋出租或出售给政府,减轻政府的财政负担,提高项目运作效率。

第四节　完善我国住房保障体系的政策建议

中国的住房保障起步较晚,现有住房保障体系的构建根植于原有住房福利制度的改革过程,从外部制度环境角度讲,导致现有住房保障体系游离于整个社会保障体系之外;从内部制度环境角度讲,每个子体系之间相互割裂,内部体系不统一,呈现出碎片化等问题。从整体视角重新设计住房保障供给体系的顶层制度是解决当前住房改革困局的核心问题。

一、住房保障体系的基本原则、基本目标与定位

由于住房问题具有一定的特殊性和重要性，国际上将政府是否介入住房问题作为衡量现代住房制度的重要标志。构建住房保障体系，保障低收入居民和住房困难家庭的基本居住权和发展权是政府的基本职责。因此各级政府如何确定住房保障体系的基本原则、基本目标和定位，关系到住房保障体系的价值取向和发展方向。

（一）住房保障体系的基本原则

1. 公平优先、兼顾效率的原则

住房保障制度是为了解决社会居民的基本居住需求，实现住房有所居的社会目标。为此，应坚持公平优先的原则。公平原则的内在要求是实质公平，这就要求住房保障分配的起点公平、结果公平；还必须坚持住房保障的分配程序公平。同时，住房保障要坚持效率原则。住房保障必须考虑投资、建设、分配、管理等方面的效率，用最小的成本代价，实现住房保障的效益最优化。因此，需要研究住房保障的供应效率、分配及管理效率，以促进住房保障的可持续发展。

2. 量力而行、适度保障的原则

住房保障制度不仅关系到住房保障制度的社会效果，同时还涉及政府、市场以及个人之见的责任问题。住房保障应与经济发展水平及公共财政能力相协调，从中国目前的经济社会发展阶段来看，住房保障不能泛化为社会普遍的住房福利。因此既要尽力而为，也要量力而行，以满足基本住房需要为原则，科学确定住房保障水平。

3. 动态发展、协调推进的原则

中国社会保障体系中的重要组成部分就是住房保障体系的建设。站在发展的角度，保障并不是一成不变的，尤其是在中国城市化进程加快的今天，产业迁移特征显现的情况下。因此，在推进住房保障体系的过程中，要特别注意住房保障体系的动态发展性以及推进过程中各个方面的相互协调性。

住房保障体系的动态发展性主要体现在住房保障体系整体发展的动态性和保障体系内的动态发展性上。外部的动态发展强调小区域与大战略相结合的发展思路，要综合考虑城市经济发展状况、产业迁移趋势、人口流动趋势等；内部的动态发展旨在建立长效的内循环机制，以实现人的发展。住房保障体系的发展要做到多个协调、包括保障与发展的协调、公共财政和个人负担的协调、城镇保障和流动保障的协调等，既要做到满足基本住房需要的现实性，又要注重系统发展的前瞻性和科学性。

（二）住房保障体系的基本目标与定位

在优化与创新住房保障体系的过程中，如何确立科学的住房保障总体目标和阶段性目标是新型住房保障体系建设的关键内容。

1. 总体目标

要构建符合中国国情的、具有中国特色的以及可持续发展的住房保障体系，进而实现中低收入及低收入人群“住有所居”的目标，最终实现住房保障公共服务均等化的目标。

2. 阶段性目标

中国目前保障住房需求比较大，但是保障供给严重不足，保障住房的目标难以实现。随着经济水平的提高，保障水平应逐步提高，因此中长期保障目标应调整为以“发展性保障、需求保障（货币保障）、户籍与非户籍保障并重”为主。

3. 住房保障体系的定位

住房保障体系的定位直接关系住房保障体系优化与创新发展，以及在未来发展过程中具体策略的选择。与住房保障体系的基本目标相匹配，住房保障体系的定位也可以分为总体定位和阶段性定位。

(1)总体定位。考虑到住房既具有消费品属性又具有资产属性的特点以及中国社会极化的显现，住房保障体系总体走向的定位，应结合社会保障体系的发展定位，逐步由补缺型向普惠型、发展型住房保障体系过渡。

(2)阶段性定位。一是住房保障种类定位，即对现有保障住房进行并轨，通过公共租赁房制度的优化与创新，统领多层次的保障住房；二是保障对象的定位，保障对象由户籍住房困难户向户籍与非户籍住房困难户并重转变；三是保障方式的定位，保障方式由目前的以实物保障为主向以实物保障与货币保障并重过渡，最终实施以货币保障为主、实物保障为辅的保障方式；四是政府角色的定位，政府由现在保障住房的供给者向保障住房供给与运营的促成者转变。

二、创新保障性住房建设投融资机制

一是制定保障性住房的资金支持政策，建立以政府优惠政策支持与引导、社会资金投入为主的保障性住房投融资机制。

二是设立保障房融资平台。保障房融资平台构建主要包括融资平台主体，机构性质界定，运行机制、模式、监管等内容。融资平台以政府的公共资金投入，以政府担保的贷款、贴息贷款以及税费优惠政策为基础，吸引民间资本和企业参与保障房建设，即利用政府集中行使项目的筹资功能、资本运营功能和物业管理收益功能，统筹进行保障房项目的投融资、建设运营管理，实现融资与建设相结合的目标。同时，将各类保障性住房的财政资金进行整合，设立政策型保障房基金，使保障房资金在不同类别的保障房之间相互融通，提高资金的使用效率。

三是充分利用社会资源，发挥市场机制的作用，吸引社会民间资本、保险资金、公积金、信托资金等投资保障住房建设，拓展保障性住房融资渠道。

四是采取 BT、BOT 等项目管理模式，引导和规范社会机构参与保障性住房投资、建设和运营，逐步形成政府引导、市场化运作的保障性住房投融资格局。

三、创新住房保障后期管理机制，建立住房保障可持续发展机制

（一）设立保障住房经营租赁机构，负责保障住房的后期营运管理

从当前的实际情况来看，公共租赁住房经营租赁管理机构可以采取以下两种方式：一种是产权属于政府直接管辖的保障住房可以由市、区住房保障中心来进行经营租赁管理；另一种是其他被纳入保障住房序列的，由原产权单位按政府保障住房管理办法自行管理。

从长期发展来看，应成立社会化和专业化的公共租赁住房公司，或设立非营利性的住房营运组织，实行企业化运作。目前公共租赁住房基本上实行政府或其下属的事业单位营运管理，这可能会重蹈计划经济时代福利住房的覆辙。借鉴国外成功的经验，应设立非营利性的住房营运组织或住房租赁管理公司以实行企业化运作。在这种方式下公平与效率能达到最优，能保证住房保障的可持续发展。

（二）创新物业管理模式，促进保障性住房物业管理的良性循环

随着保障性住房的不断发展，保障性住房的物业管理问题也需要得到解决与落实。对于保障性住房的用户来说，大部分都属于低收入家庭，经济的承受能力较低，同时还需要得到政府的救助补贴，如果按照市场条件的物业标准收费，无疑会加重其经济负担。

保障性住房的物业管理单纯地按传统物业管理模式来管理，可能会重现老、旧住宅小区物业管理中存在的收费难、管理缺位问题。因此，依保障性住房的具体情况，应尝试探索不同的物业管理模式，在取得经验后再全面推广。

四、健全住房保障法规，将住房保障纳入法制轨道

当前，现有的住房保障体系中，经济适用房制度、廉租住房制度以及限价商品房制度都缺乏相关政策法规，都没有可以统领各项住房保障制度的上位政策法规。因此，为使保障住房的运行有法可依，保证保障工作的规范化、法制化，应制定“基本住房保障条例”。健全和完善保障性住房建设和管理、保障性住房建设标准、租售价格标准、保障性住房准入与退出、保障性住房分配与补贴标准、保障性住房后期管理、公共租赁住房管理等法规政策，构建以“基本住房保障条例”为核心的住房保障的法规政策体系。

本章小结

本章主要是从四个方面来研究城市公共住房，首先是我国保障性住房的发展历史，其次是我国住房保障制度中所存在的问题，再次是国际公共住房问题的经验借鉴，最后是完善我国住房

保障体系的政策措施。从这几个方面可以看出，在城市公共住房问题上无论是发展中国家还是发达国家都需要政府的扶持与帮助，建立合理的住房保障体系，使社会各阶层都能得到与其收入水平相适应的住房，实现既定的社会目标。

第三章　城市生态环境研究

21 世纪是城市的世纪，预计到 2050 年，城市人口将占世界总人口的 70%。随着城市化的推进，城市成为研究生态系统服务和危害的核心。生态城市是一个可自我维持、具有弹性结构和功能的人居环境，是中国城镇化发展的必由之路。它让保护地球环境的可持续生活方式及公平、正义等社会根本准则都得以实现。生态城市是依据生态文明理念，按照生态学原则建立的经济、社会、自然协调发展，物质、能源、信息高效利用，文化、技术、景观高度融合的新型城市，是实现以人为本的可持续发展的新型城市，是人类绿色生产、生活的宜居家园。

第一节　城市的环境问题

随着生产力不断发展，城市逐渐成为人类各项生活与生产活动开展的重要载体，这就在很大程度上推动当前城市的繁荣发展。但不可否认的是，在城市日渐繁华背景下往往是以牺牲生态和环境为代价换取而来，这从屡见报端的雾霾、内河污染等报道便不难发现。在环境保护意识不断增强以及追求人与自然和谐共存的背景下，城市生态环境保护与可持续发展成为社会热点问题。

一、城市的发展速度与规模

我国从 20 世纪 90 年代中期开始进入城镇化加速阶段，城镇化率从1995年的29%快速上升到2016年的57%,年均增长1.33个百分点,城镇化愈发成为主导经济社会发展的枢纽与核心动力。根据城市经济学的经典理论,城市扩张初期的经济“集聚效应”与后期的生态“拥挤成本”存在此消彼长的关系,即城市规模存在一个最优值或区间,城市规模太小或太大对城市发展来说都不适宜。然而,长期以来我国城镇化却表现为以大城市为主的非平衡增长。据《中国城市统计年鉴(1979—2016)》,我国百万人口以上大城市的人口占比在1978年为7.6%,而到了2016年则高达25%,远高出处于相同城镇化阶段的其他国家。

近年来我国一些特大、超大城市的过度膨胀,不仅直接导致了城市级别差距拉大与区域经济结构失衡,而且引发了严峻的土地紧缺、交通拥挤、环境污染、公共服务不足等“城市病”。2015年中央城市工作会议明确提出:“城市规模要同资源环境承载能力相适应”“将环境容量和城市综合承载能力作为确定城市定位和规模的基本依据”,即将扭转一些大城市的生态超载与规模失衡问题摆在突出地位。事实上,我国政府历来高度重视优化城市规模分布。党的十八大报告、国家“十三五”规划纲要等国家重要文件和重大规划均提出要构建科学合理的城市化格局和城市发展格局。党的十九大报告进一步强调,“以城市群为主体构建大中小城市和小城镇协调发展的城镇格局”。

二、城市的生态环境问题

城市生态系统指的是在自然界的特定空间内,由环境和生物共同构成的有机整体。在其中环境和生物间二者相互制约、相互影响,且在某一时期内维持于一个较为稳定的动态平衡状态。城市生态系统主要是人类适应自然环境,在某一空间范围内通过环境与环境、资源与人口相辅相成而构建起的自然、社会以及经济的复合体。城市的发展能够带来一定的生态增殖效应,但由于城市发展所带来的资源配置的改变、人口的聚集以及产业结构的调整，不可避免地给城市生态环境造成了一定程度的破坏。

（一）城市的气候问题

大气污染通常是由于人类活动和自然过程引起的某种有害介质进入到大气中，呈现出了足够的浓度，而且其存在达到足够的时间，危害到了人体的舒适、健康和福利的污染。城镇建设和发展改变了原来自然状态的下垫面和大气中的成分，尤其是工业、交通运输等事业的迅速发展带来煤的燃烧和机动车等排放的废气，增加了人为制造的热量、水汽和灰尘，使城镇内部许多气候要素发生变化。目前我国城市的大气污染，主要成分是SO_2、NO_2和可吸入颗粒物。其中可吸入颗粒物是空气污染的首要污染物，中国大部分城市出现的雾霾天气，元凶就是可吸入颗粒物。通过对全国大中城市的环境监测，我国城市可吸入颗粒物的污染情况，总体呈现出以下三个特征：一是北方城市较南方城市严重，二是特大或超大型城市较中小城市严重，三是产煤区城市较非产煤区城市严重。

2017年，全国338个地级及以上城市（以下简称338个城市）中，有99个城市环境空气质量达标，占全部城市数的29.3%；239个城市环境空气质量超标，占70.7%。若不扣除沙尘影响，338个城市中，环境空气质量达标城市比例为27.2%，超标城市比例为72.8%。

另外，在城镇五岛（热岛、干岛、湿岛、雨岛、混浊岛）效应中，城镇热岛效应是城市对气候影响的典型表现，近年来，很多城市出现了高温日数多、覆盖范围广、高温强度大，热害作为一种城镇的自然灾害呈现出了增多的趋势。

（二）城市的污水问题

城市工业废水和居民生活废水，是水污染最主要的来源。一方面，随着人们生活方式的改变，城市居民卫生要求的提高，居民生活用水量成倍增加;另一方面随着工业产值的增长,工业用水量也逐年上升,比较多的纺织业、造纸业和化学工业是水污染最大的污染源。

水资源环境是城市存在和发展最基本的物质条件之一,随着城市人口的不断增长,对城市用水的需求量日益加大。而现代城镇的水环境陷于缺水和洪涝灾害并存的尴尬局面的主要原因是城市所造成的地表性质的变化,沥青、水泥等工程材料代替土壤与植被,使得下垫面变得紧密不透水,雨水无法下渗到土壤之中以补充地下水,而大部分变成地表径流,在暴雨季节雨水迅速聚集,极易引发洪涝灾害,而且地下水得不到补充。城市基础设施建设方面,目前我国仍有城市没有污水处理厂。在污水处理设施得以修建的城市,能正常运行的也只有50%;还有的由于污水收集管网的原因,污水处理厂处理量不足设计处理能力的20%。正因为污水处理率的低下,污水回用水平低,大量城市污染负荷直接进入河流、湖泊,影响着我国各类水体环境质量。城市对自然界水循环的干扰引发了人类对于水资源的争夺,这是造成现代水荒的重要原因之一。例如,我国北方的资源型缺水和南方的污染型缺水已影响到城市化进程,中国多数城镇都出现了不同程度的水荒,城市因缺水而提高用水价格,会提高生活和生产成本,影响到城镇经济发展和市民生活质量,降低了城市竞争力,从而抑制了城市发展。同时,由于要优先保证城镇供水,这也在一定程度上影响到农村生活用水与农业生产。

(三)城市的生态系统问题

城市实质上是一个破坏原有的自然生态环境,创建以人为中心的人工生态环境的过程。城市改变了企业的用地规模或占地密度,增加了生态环境的空间压力,引起产业结构的变迁。城市改变了对生态环境的作用方式,提升了经济总量,消耗了更多资源和能源,增大了生态环境的压力。按照城镇建设的需要破坏、修改、设计生物群落,严重地干扰了生物自身生长发育过程和规律，导致生物种类减少、群落结构简单、功能受损。城镇工业发展过程中排放出的污染物可以通过多种途径进入土壤，例如通过水体污染、大气中酸沉降、城市垃圾渗出液污染等。调查表明，越是城镇附近，土壤的污染越严重，重金属和有机污染物富集、土壤酸化、肥力下降，土壤中的微生物大量减少。如高楼大厦、纵横的街道代替了森林，水泥路面覆盖了草地、绿野，野生动植物也在城镇中消失，城镇的绿地面积减少，结构简化，并且现有的多是人工植被，全靠人为维护，各种鸟类所赖以栖息的环境越来越少，导致植物病虫害增多，形成所谓的城镇荒漠。随着城市的扩张，一些城市的建设布局在空间上出现无序化乃至失控，耕地被大量吞噬，挤占其他物种的生存空间，导致生物多样性的丧失，生态系统的生态功能逐渐退化。

（四）固体废弃物、噪声与放射性物质污染问题

随着经济的发展和人们生活水平的提高，城市进程不断加深，人们生产和生活所产生的固体废弃物日益增多，特别是不能回收又不能降解的废弃物，给生态环境带来极大的危害。截至2017年底，全国城市生活垃圾清运量达21547.97万吨。而且工厂机器、建筑施工、商业和娱乐活动、交通运输等导致的噪声污染，不仅妨碍人们的工作、休息，甚至影响人体健康。城市带来了噪声污染、电磁辐射污染、光污染、生物污染等。越是城市程度高的区域，污染的种类与危害越大，对人们的生理和心理损害也越大，影响人们的生产活动和生活质量。此外，缺乏整体性、长远计划或生态思维规划的城镇布局致使城镇代谢缓慢，非污染危害性物质不能顺利排出而累积于城镇内部，引起生态失调和环境质量的恶化，造成非污染性的生态效应。环境污染加剧了城市生态系统的失衡。随着城市发展，高污染工业、机动车辆、人口密度、硬化路面不断增加，植被锐减，生态调节功能下降。

不仅如此，城市过程中还有许多其他问题，比如城市历史文

化遗产的毁灭和城市特色的消失，城市小气候的恶化，就业问题的严峻和社会问题突出，城市和城镇发展的区域不平衡日益加剧，城市人口流行病预防难度加大，人与人之间关系的隔阂等。

第二节 构建城市生态环境质量指标体系

长期以来，人们对水、气、声环境质量的感知更为直观，对其环境质量的研究比较多，已有了一些明确的定义和评价指标、方法等。而关于生态环境质量，目前国内外研究尚少，一般认为，生态环境质量的内涵包括：生态系统及其各组分，特别是有生命组分的质量变化规律；不同生态系统的动态变化及外部特征—系统状态；不同生态系统状态对人类生存的适宜程度等。

一、城市生态环境质量评价的含义

（一）城市生态环境的概念

城市生态环境由自然生态环境和社会经济环境以及沟通自然、经济、社会的各种人工设施和上层建筑（合称人工生态环境）组成。这些组成成分通过生命代谢作用、投入产出链和生产消费链进行物质交换、能量流动、信息传递，从而发生相互作用、相互制约，构成具有一定结构和功能的有机联系的整体，称为城市生态环境系统。

城市生态环境质量是指城市生态环境的优劣，它以生态学理论为基础，在特定的时间和空间范围内，从生态系统层次上反映城市生态环境对人类生存及社会经济持续发展的适宜程度。

自 20 世纪 60 年代后，由于环境污染日益严重，环境质量逐渐引起了人们的关注，环境保护工作者开始尝试采用环境质量的好坏来表征环境遭受污染和被破坏的程度。根据城市生态环境组成要素的不同，城市生态环境质量可以分为城市空气质量、水环境质量、土壤环境质量等。广义的城市生态环境质量包括城市的自然环境质量和社会经济环境质量的总和。

也有学者认为，城市生态环境质量是衡量城市生态环境对城市主体——人的生存和发展的适宜程度的一项指标，是城市生态环境系统中客观存在的一种本质属性，并能通过定量、定性、定位和定型相结合的方法进行描述，以反映城市生态环境系统的总体或环境的某些要素所处的状态。它可以用城市的资源质量、人群健康和生态状况等来衡量，但是最重要的方面还是通过评估环境污染程度来衡量。

（二）城市生态环境质量评价的定义

城市生态环境质量评价以城市系统中城市建设区以及周边影响区为研究对象，通过分析城市生态系统的结构、输入与输出、过程与效能等因素，建立城市系统构成与格局、功能与活力、抗性与协调性等指标体系来综合评估城市生态环境状况的过程，它是城市生态学研究的重要领域，是城市生态发展规划与城市生态管理的基础。

也有学者认为，城市生态环境质量评价是指在一个具体的时间或空间范围内城市生态环境中的总体或部分要素的组合体对人类生存及社会经济持续发展适宜程度的度量，是城市化对生态与环境的影响程度的一种整体性描述，是对城市生态系统提供的对人类发展具有重要意义的生产及服务能力的分析。即根据合理的指标体系和评价标准，选用恰当的方法评定城市生态环境质量的状态、影响关系以及发展趋势；是在分析、归纳大量环境调查资料和监测数据的基础上，通过各种生态环境质量评价方法与模型的计算，找出研究区域的主要生态环境问题，指出环境质量的变化、发展与空间分布规律。

万本太先生对城市生态环境质量评价的最新定义是：以城市建设区以及周边影响区为研究对象，从城市系统的结构、输入与输出、过程与效能等方面入手,以城市系统可持续性与和谐发展为目标,通过构建城市系统及格局、功能、活力、抗性与协调性等方面指标来综合评估城市生态环境状况的过程。本书赞同这一概念。

由此可见,城市生态环境质量评价是环境质量的客观反映。它可以用资源质量、生物质量、人群健康等尺度来度量。有了大量的调查分析资料和监测数据,就可以把质和量的概念结合起来,以环境质量综合指数的无量纲数作为评价城市生态环境质量的工具,从而形成一个客观的评价标准,并对一个城市或城市与城市之间在环境质量上进行评价和比较。

从广义上说,城市生态环境质量评价是对城市生态环境的结构、状态、质量、功能现状进行分析,对可能发生的变化进行预测,对其与社会经济发展活动的协调性进行定性或定量的评估。本书所研究的主要是狭义上的城市生态环境质量评价,即对城市生态环境质量现状进行分析与评价。

(三)城市生态环境质量评价的内容

1. 城市自然生态环境和社会生态环境背景调查分析

城市是在自然生态环境的本底上建立起来的人工生态环境。自然生态环境为城市提供了物质基础,决定着对城市污染物质的输送、稀释扩散和净化能力。显而易见,自然生态环境背景对城市生态环境质量有显著的制约。因此,在进行城市生态环境质量评价时首先应对城市的自然生态环境背景状况有所了解。自然生态环境背景的调查内容包括城市地区的水文、地质、地貌、气象、土壤、植被、珍稀动植物物种等。

城市是人类为适应生产力发展水平,按照自己的意志和愿望对自然生态环境进行了强烈改造的人工生态环境单元。因此,城市生态环境受到人们目的和愿望的左右和制约,即作为人们目的和愿望体现的社会环境对城市生态环境具有强烈的影响。为此,进行城市生态环境质量评价必须调查了解城市的社会生态环境状况。社会生态环境背景的调查内容包括城市地区的土地利用、产业结构、工业布局、人口密度、国民经济总产值及其在行业间的分配以及重要的政治、经济、文化、卫生设施及位置、环境功能区的划分、各功能区的位置、近期和远期的环境目标等。

2. 城市生态环境污染及污染源的调查和评价

城市生态环境污染及污染源的评价，是为了对产生和排放到城市环境中种类繁多、性质各异的污染物及污染源进行全面、客观、科学的评价，在普查污染源的基础上，进一步确定城市的主要污染要素和污染物。城市污染特征是由主要污染物决定的。任何一种污染物都可以作为环境因子，污染物质种类越多，越能全面反映环境要素的综合质量。但实际评价工作中，如果选用太多，往往会大大增加监测工作量。因此，实际上常选择该地区大气或水体中具有代表性的污染物作为评价参数。

3. 城市生态环境质量的监测和评价

城市生态环境质量监测是城市生态环境质量评价的基础，因为所有评价的依据建立在对生态环境质量监测数据分析的基础上。评价时要先进行单要素的质量评价，然后进行整体环境的综合质量评价。

4. 城市生态环境污染的生态效应调查

城市生态环境污染生态效应是指污染物进入环境后，对环境中的植被、农作物、动物和人群健康的影响。这种影响可以通过社会调查、现场勘察或实地采样检测化验等方法查清环境污染的生态效应，最终为划分各要素和整体环境的环境质量等级提供依据。

调查和监测的内容包括植被、农作物的一般伤害症状、长势、产量、体内污染物质的含量等；对动物和人群，主要了解多发病、常见病、流行病、畸形、体内器官或组织中污染物质的含量等。

5. 城市生态环境质量研究

城市生态环境质量研究主要是对城市生态环境质量的时空变化和影响因素及污染物在城市生态环境要素中的迁移转化规律进行研究，并建立相应的数学模型。同时也研究城市环境对污染物的自净能力，确定环境容量，为制定污染物的排放标准和环境质量标准提供依据。

6. 城市生态环境质量恶化的原因及危害分析

城市生态环境质量恶化的危害主要指对生态环境的破坏和人群健康的影响，以及由此造成的经济损失。可从城市规划布局、土地利用、人口数量、资源消耗、产业结构、生产工艺与设备等宏观方面来寻找分析城市生态环境质量恶化的原因。

7. 城市生态环境质量综合治理对策研究

在对城市生态环境进行监测分析评价的基础上，从城市生态环境规划入手，调整城市的产业结构、工业布局和功能区划，制定市政建设规划；从严格环境管理入手，制定有关环境保护的法律、法规，确定各种污染物的环境质量标准和污染物排放标准，以及制定控制排放、监督排放的各项具体管理办法；从环境工程入手，制定城市重点污染源的治理计划和各种具体污染物的治理方案、经费核算和效益分析；最后提出综合防治对策，并对城市生态环境质量进行预测。

二、城市生态环境质量指标体系的建立

（一）指标体系构建特点

城市生态系统是一个以人群为核心，包括生物、非生物和周围自然环境以及人工环境相互作用的复杂系统，单一要素的分析

不能全面系统地反映一个区域的生态环境特征。城市生态环境质量综合评价的目的就是系统地了解所关心区域的生态环境质量，即通过对城市生态环境中的总体或部分要素的组合体，对人类生存及社会经济持续发展适宜程度的度量，以及城市化对生态与环境影响程度的整体性分析，揭示城市生态环境健康状况，找出区域的主要生态环境问题，指出环境质量的变化发展与空间分布规律，以保障城市生态系统的可持续性。

城市生态环境质量评价的主要任务是在分析、归纳大量环境调查和监测资料的基础上，了解评价区域生态系统构成要素的条件状况、变化及其趋势；构建适当的评价指标体系和评估标准，运用恰当的方法评价某区域生态环境质量的优劣及其影响。这样做能够使决策者与公众等明确城市生态环境质量的基本状况，而且能够找出城市生态环境质量出现变化的内在原因，并由此制定相关对策，供生态保护与生态恢复管理与决策者使用。

由此可见，生态环境质量评价指标是评价生态环境质量的基本尺度和衡量标准。因此，指标体系的构建成功与否决定了评价结果是否具有真实性和可行性。从生态学的观点来看，城市是以人为主体的，并且是由自然、社会和经济三个子系统构成的复合生态系统，所以，城市生态环境质量评价指标体系理应包括自然、社会和经济三个方面。本书关注的重点是生态系统，即在某一限定区域内互相作用的生物有机体和它们生存的无机环境，强调土地、水和生物资源的重要性，并结合城市空间格局和环境状况，构建城市生态环境质量评估的核心指标体系。

（二）评价类别划分

以人类活动为主的城市化过程对生态环境的影响主要是通过土地利用活动改变地表覆盖类型与性质，进而影响到区域生态系统内部结构与功能。土地利用作为最主要的作用方式，反映了人与自然相互影响与交叉作用最直接、最亲密的关系，日益成为事关生态环境和谐的最重要因素。近年来随着研究领域的拓展，土地利用与生态环境关系的研究也不断深化,并在全球尺度上取得较大进展,其研究成果也在各个领域得到了广泛应用。

土地利用与生态环境关系作为人与自然关系的缩影,是人类社会生存与发展的基础,也是人与自然和谐共生的关键。人类的生存发展史也是人类对土地的利用史,而人类对土地的利用过程也是人类对生态环境的干预过程。可见,土地利用是生态环境变化的重要动力,生态环境变化则是土地利用的累积性结果。土地是城市存在与发展的基本资源和环境,土地利用反映了城市化进展和社会经济活动的特征,也体现了城市生态环境质量的变化。

土地利用是由自然生态系统和人类社会经济系统复合而成的生态经济系统,而生态环境恰恰是构成人类社会生存与发展条件的各种生态因子与系统环境的综合。两者之间存在着复杂的、非线性的动态耦合关系,任何单一的、静态的分析方法都不能真实地描述两者关系的真实性。因此土地利用与生态环境变化评估体系应与国家城市土地利用分类体系或其他分类体系兼容,划分城市生态环境质量评价单元体系,只有具备简单明了、易于理解、定义明确、系统性强、易于通过遥感调查识别等优点,才能更好地为生态质量评价服务。

我国 1984 年发布的《土地利用现状调查技术规程》规定了土地利用现状分类及含义,土地利用现状调查和集体土地所有权调查应用的是土地利用现状调查的土地分类体系。1989 年 9 月发布的《城镇地籍调查规程》规定了城镇土地分类及含义,城镇地籍调查及村庄地籍调查应用的是城镇土地分类体系。随着社会主义市场经济的发展和新修订的《土地管理法》的颁布实施,为适应经济发展和法律的要求以及科学实施全国土地和城乡地政统一管理的需要,要进一步明确农用地、建设用地和未利用地的范围,对原有土地分类体系进行适当调整和衔接。为此,在两个现行土地分类基础上,国土资源部于 2001 年 8 月 21 日下发了"关于印发试行《土地分类》的通知",制定了城乡统一的全国土地分类体系,并于 2002 年 1 月 1 日起在全国试行。

目前，我国土地分类体系的基本框架如下：

(1)采用三级分类体系。

(2)一级类设3个，即《土地管理法》规定的农用地、建设用地、未利用地。

(3)二级类设15个。由耕地、园地、林地、牧草地及其他农用地5个地类共同构成农用地；由商服、工矿仓储、公用设施、公共建筑、住宅、特殊用地、交通用地(除农村道路)和水利设施用地共8个地类构成建设用地；未利用地(除田坎)和其他水域共同构成未利用地。

(4)三级地类设71个。

(三)评价分类

城市生态类型分类方法在我国目前还处在研究阶段，构建城市生态环境质量评价体系的工作刚刚起步，尤其对于以城市土地利用分类方法为基础，建立城市生态环境质量综合评价体系中的分类尚属首次。鉴于城市生态环境质量评价的研究工作目的和调查时空，本书编制的城市生态质量评估体系的分类涵盖了我国城市现有的土地分类类型，其对应关系见表3-1。

表3-1 城市生态环境质量评价分类

分类	范围	与《全国土地分类体系》中的对应项
人工生态子系统	包括居住、商服、工矿仓储、交通运输、公共设施建筑及特殊用地等	2类建设用地，包括21～28八个二级类
水域生态子系统	包括河流、湖泊、滩涂、苇地、湿地、水库等在内的城市水域	1类农用地的二级类15其他农用地中的“坑塘水面”“养殖水面”；第3类未利用地的二级类32其他土地
陆域生态子系统	包括耕地、园地、林地、牧草地及荒草地、盐碱地、沙地、裸土地等	1类农用地的二级类11耕地、12园地、13林地、14牧草地及15其他农用地(其中的“坑塘水面”“养殖水面”除外)；第3类未利用地的二级类31未利用地

因此，城市生态环境质量指标体系的建立，是在描述城市土地利用、水和生物资源的重要特征和趋势的基础上，重点集中于城市三个主要生态系统类型，即城市人工生态系统、水生生态系统和陆域自然生态系统。

(1)城市人工生态系统：由建设用地包括居住、商服、工矿仓储、交通运输、公共设施建筑及特殊用地等形成的。建设用地是城市社会经济赖以发展的物质基础，一般是指直接用于城市建设和满足城市生产、生活、交通、游憩等功能要求，并具有较好功能相关性的用地。

(2)城市水生生态系统：由农用地、未利用地两大类中的河流、湖泊、水库、坑塘、苇地、滩涂、湿地、沟渠、水工建筑物等水域生物物种、种群、群落共同组成。

(3)城市陆域自然生态系统：由农用地、未利用地两大类中的耕地、园地、林地、牧草地及荒草地、盐碱地、沙地、裸土地等陆域生物物种、种群、群落共同组成。

(四)指标体系设置原则

建立城市生态环境质量的评价指标体系，应重点分析城市资源要素和技术要素对生态环境质量的影响，从而选取影响和反映城市生态环境质量的代表性指标。采用的指标应能够准确地反映城市生态环境的现实状况和生态环境质量的具体表现。为此，指标体系的建立应遵循如下基本原则。

1. 科学性

科学性是指标体系建立的基础。每个指标应是独立的、相对稳定的，能够反映城市生态系统的组成成分，能够反映指标之间的相互联系，能度量生态环境质量的优劣，最重要的是指标具有可获取性。

2. 独立性和综合性

组成生态环境的各个要素其结构和功能是不同的，影响生态环境质量的作用因子也是不同的,因而指标体系应能反映各要素或子系统的结构与功能差异,确保能够进行子系统或单项要素的分析。同时,也需要选取反映生态环境质量的各要素指标,以利于综合分析。

3. 动态性

由于经济社会迅速发展,技术水平不断提高,而城市生态环境就是在生态系统与不断变化的社会系统相互作用、相互依存中发生变化的。因此,选取的指标应能反映这种变化的动态性特点。

4. 前瞻性

利用指标体系进行综合评价,不仅要反映城市目前的状况,而且要能够表述过去和当前生态各要素之间的关系,力求使每个设置指标都能够反映城市生态系统的本质特征、时代特点和未来取向。

5. 实用性

(1)指标简化,方法简便。评价指标体系要繁简适中,计算评价方法简单易行。

(2)数据易于获取。评价指标所需的数据易于采集,无论是定性评价指标还是定量评价指标,其信息来源渠道必须可靠,并且容易取得。否则,评价工作难以进行或代价太大。

(3)整体操作规范。各评价指标及其相应的计算方法,各项数据都要标准化、规范化。

(4)应用性广。中国城市生态环境系统极其复杂和多变,因此选择的指标应具有共性与特殊性相结合的特点。

(五)评价指标的选择

1. 指标的构成

国内外文献对城市生态系统评价应包含的指标并没有达成

统一共识，主要是从城市生态环境、经济和社会等方面构建指标体系，并未从生态系统的特征、生态系统结构和功能的完整性、生态系统的稳定性、生态系统的可持续利用能力等不同层面构建生态系统评价指标体系。

本书以城市三大生态类型为评估对象，包含城市人工与自然生态系统，即人工生态子系统（建筑、房屋、工矿、道路和绿地等）、水域生态子系统[河流水面、湖泊水面、水库水面、坑塘水面（鱼塘）、苇地、滩涂、湿地、沟渠、水工建筑物等]和陆域生态子系统[自然保护区、风景名胜区、郊野公园、森林公园、水源地保护区、耕地、园地、林地（苗圃）、风景林地、牧草地等]。根据各类生态系统的主要特征，将我国城市生态环境质量评估指标分为四类。

（1）空间范围和模式的指标：用于描述生态系统的面积或长度等，以及在空间形态上如何交织。例如：湿地面积、河流的长度、邻近住宅区的农用地。

（2）环境化学和物理特性的指标：用于描述营养物质、碳、氧、污染物和主要的物理特性。例如：水域的氮含量的迁移和循环，土壤侵蚀问题。

（3）表征生物组成的指标：用于提供植物的状况、动物的生活栖息地等信息。例如：濒临灭绝的物种，物种在非原栖息地分布的百分比。

（4）人类利用和服务功能的指标：用来提供食品和服务的信息，人类从自然界获取的物质和利益，即“自然生态系统的服务功能”。例如：水源涵养量、户外娱乐等。

依据上述生态系统特征，描述我国城市三个重要生态类型（人工、水域和陆域生态系统）变化的状态，反映城市大范围的生态趋势，使得它们与各类环境问题都相互关联（表3-2）。

表 3-2 城市生态环境状况的特征及指标

城市生态环境状况特征	衡量指标
(1)空间格局	
范围	一个生态系统范围或土地覆盖范围。土地覆盖范围是生态系统最为基本的特征——覆盖范围的增加或减少意味着生态系统提供的产品和服务的获得与丢失
斑块和景观格局	组成一种类型生态系统斑块的形状和大小。这些特征能很大程度地影响系统对产品和服务的供给
(2)环境物理化学状态	
营养元素、碳、氧	不同生态系统中氮、磷、氧和碳的含量。氮和磷是植物的重要营养元素,但如果过量输入也会引起水质问题。碳贮存库也是讨论全球气候变暖时的主要考虑因素。河流、湖泊和沿海水域的溶解氧是鱼类和其他动物生存所不可缺少的
化学污染物	有多少合成化合物和重金属存在于生态系统中以及它们超出标准允许值或者阈值。(对于城市和郊区,也包括臭氧等的空气污染物)化学污染物通过对植物和动物的作用破坏影响生态系统的平衡以及人类的健康
物理条件	生态系统的主要物理构成是什么?如水体的温度或者土壤的盐渍化。生态系统中植物和动物的生长发育适应于一定的物理条件,物理条件的改变将对其产生影响
(3)生态生物组成	
植物和动物	本地动植物物种和外来动植物物种在生态系统中的状况。人们深切关注野生动植物,系统中动植物的生长情况能更广泛地反映整个生态系统的状况。外来物种可破坏生态系统甚至造成重大的经济损失
生物群落	反映都市区域现有植物和动物群落状况,濒临灭绝的或已经灭绝的"原始"脊椎动物和维管植物的比例等
生态生产力	植物在土壤和水体中的生长趋势,植物生长量的变化可能是整个生态系统状况改变的重要信号

续表

城市生态环境状况特征	衡量指标
(4)生态系统服务功能	
食物、纤维物质和产品	随着时间的推移,主要的生态系统提供产品的数量和质量。生态系统提供的产品能满足人类很多重要的需要,对国民经济的发展也具有重要意义
消遣娱乐等其他服务	人类常参加户外的娱乐消遣活动,自然生态系统提供的其他服务如土地建设、防洪等,尽管这些服务是无形的,但这些服务对生态系统本身以及人类都具有重要意义

2. 指标筛选原则

(1)相关性——同资源管理与生态环境保护目标的相关性。

(2)有效性——能否有效地反映生态环境质量状况或所承受的生态压力。

(3)可行性——所需数据是否容易通过监测实验或统计资料获取。

(4)敏感性——能否分辨不同评价区的生态环境质量差异,能否给区域生态环境质量变化提供及时的预警及诊断适应性,能否运用于不同的评价区域。

(5)统计学独立性——相关性好的指标的同时存在将导致信息的冗余,并有可能影响评价结果的有效性。

(6)可定量性——尽量采用能定量化的,并来自对生态环境的调查和监测的指标,因定性指标的主观性因素影响较大。

考虑所建立的城市生态环境质量评价指标体系是以管理应用为主要目的,因此最终所发布的指标体系还必须具有纵向延续性、横向比较性和可操作性等特点。

3. 指标体系构成

(1)目标层。以生态环境综合程度作为目标层的综合指标,用以衡量城市生态发展水平、能力与协调度。评价生态环境综合程度，需要选择动态指标、静态指标、存量指标与流量指标等不同类型，使其在时间尺度上反映城市生态系统的现状和变化态势，在空间尺度上反映整体布局和结构优化特征，在数量尺度上反映其总体规模和现代化水平，在质量尺度上反映城市的综合素质、能力潜力以及后劲。

(2)中间层。中间层反映目标与指标之间建立的联系，主要用于将目标分解到指标并确定指标权重。为了达到城市生态、环境、资源的协调发展的目的，它分别由空间格局指标体系、人口、资源、环境指标体系及生态服务指标体系来反映；中间层旨在反映城市典型的空间布局、社会发展与环境污染、生态恶化之间的矛盾，同时反映城市化发展所带来的社会生态问题，突出人工生态结构的内容。

(3)指标层。指标层用来反映各中间层的具体内容。它是由各单项指标来体现的，这些指标的设计不仅要静态反映城市现有的生态环境情况，而且要动态反映其变化程度；可以通过存量指标、质量指标、结构指标和变动度指标四个方面的指标组合来进行。为了反映全面性与可操作性原则，指标体系可更多地选择平均指标和相对指标，这不仅可与同一大区域城市之间共性的指标进行对比，也可以反映典型城市特殊的城市化进展与生态、环境的关系。

通过指标筛选，构建涵盖城市空间格局、环境特性、生物特征、服务功能四大要素和人工、水域、陆域三域生态子系统的城市生态环境质量评价指标体系。指标体系除了能反映城市生态环境质量现状外，还综合考虑了引起城市生态环境变化的影响因素，以及由于城市生态环境变化而给人类自身及整个城市生态系统造成的影响、社会对此采取的措施等因素，因此该体系能进行回顾性评价及变化趋势预测，在一定程度上反映城市生态环境变化的趋势。

第三节　生态城市建设的对策

加快生态城市建设是贯彻落实“五位一体”总体布局的重要举措，是践行“创新、协调、绿色、开放、共享”五大发展理念的重要体现，也是转变城市经济发展方式、实施供给侧结构性改革、提升城市生态治理能力的内在要求。为了加速有中国特色的生态城市建设，必须聚焦健康城市、城市双修、城市可持续发展等核心理念，在理论研究中开阔思路，在经验借鉴中丰富内容，在实践探索中寻找路径，在社会转型中创新方向。

城镇化中生态城市的建设对经济社会的可持续发展、落实科学发展观、构建和谐幸福中国发挥着不可替代的作用，我们要认清城镇化背景下生态建设的困境，抓住机遇，走出一条符合中国国情、民情的生态城市建设和可持续发展道路。

习近平总书记强调指出：生态文明建设是“五位一体”总体布局和“四个全面”战略布局的重要内容，要树立“绿水青山就是金山银山”的强烈意识，努力走向社会主义生态文明新时代。要深化生态文明体制改革，尽快把生态文明制度的“四梁八柱”建立起来，把生态文明建设纳入制度化、法治化轨道。

为了推进生态文明制度化进程，国家出台了一系列政策制度。2016 年，中央深改组先后审议通过了《关于健全生态保护补偿机制的意见》《关于省以下环保机构监测监察执法垂直管理制度改革试点工作的指导意见》《关于构建绿色金融体系的指导意见》《重点生态功能区产业准入负面清单编制实施办法》《生态文明建设目标评价考核办法》《关于划定并严守生态保护红线的若干意见》《自然资源统一确权登记办法(试行)》《关于健全国家自然资源资产管理体制试点方案》《关于设立统一规范的国家生态文明试验区的意见》等一系列事关生态文明建设和环境保护的改革文件。《“十三五”生态环境保护规划》(2016 年 12 月 5 日)的印发、《中华人民共和国环境保护税法》(2016年12月25日)的出台、《土壤污染防治行动计划》(2016年5月31日)的发布,更强化了生态文明的政策制度保障,为开创中国生态城市建设的新时代提供了强有力的制度保障和方向引领。

一、生态城市建设的原则

(一)循序渐进原则

生态城市的建设是一项复杂的系统工程,其实施需要系统而复杂的支撑条件,而在人们认识尚待深化、各种支撑条件远不完善的情况下,选择面向问题的重点突破,要比急功冒进的全面推进科学得多。我国人均资源占有量特别是水资源、耕地资源等生态资源远低于国际平均水平,因此,城镇化进度必须与生态系统承载力和资源保有量保持一致。首先,可以选取经济基础、地理位置、气候条件、风俗习惯等基础条件较好的一些城市作为试点,先行开展生态城市建设,积累经验,完善相关的支撑条件,培养人才,教育广大的公众。其次,选择突出的问题入手,容易得到方方面面的支持,同时投入也相对小得多,并且实施的主体也相对明确,容易取得实质性的进展。最后,累积动力。一个问题解决得好,可以为城市树立良好的形象,增加城市的吸引力,激发居民和决策者的自豪感与主人翁精神,使其有更大的意愿和投入来将生态城市的建设推向更深、更广。

(二)多元化原则

我国各地生态城市建设应遵循生态城市的多样化原则。任何一个城市的生态系统都具有其生态特异性,生态城市的建设不需要遵循统一的格式,每一个生态城市都可以发挥自身的个性和特色。由于受地域差异、气候变差、人文历史的影响,不同城市之间的生态城市建设风格应有所不同,不能千篇一律,应根据各地的具体情况，充分发挥优势资源，选择最适合的多元化发展道路。

（三）政府主导原则

在国内生态城市建设取得阶段性成果的典型案例中，地方政府都发挥了主导作用。生态城市的建设方向以及广度和深度在一定程度上都取决于政府的主导作用。生态城市的建设是一个兼具复杂性和长期性的工程，需要调动和利用众多的资源。实施如此宏大复杂的工程，需要政府在其中做好组织工作，把有利和有限的资源调配到生态城市建设最合理和需要的地方。生态城市的建设还是一个整体性、系统性的工程，只有政府才能充当好协调者的角色，协调好人与自然、经济增长和生态保护、局部利益和整体利益、城市与农村、本市与其他城市等方面的关系。

（四）系统性原则

生态城市的建设是一个庞大的且具有内在联系的系统工程，包括环境、社会或者经济等方面，必须兼顾经济、社会、政治、环境和文化五者的效益。生态城市是个整体概念，其中包括了经济、社会、政治、环境和文化等多个方面，有机统一，不可分割。同时生态城市不是这些方面的简单机械的组合或者相加。它具有的整体功能是各个要素系统融合，它不强调各个系统要素的性能都处在最佳的状态，而是强调各个系统要素组合在一起具有最优的系统性能。

（五）和谐性原则

生态城市应该是一个环境优美、文化氛围浓郁、经济可持续发展的互助群体，同时，个体的人可以充分发展自己，实现个体的目标。和谐性是生态城市的本质特征和核心内涵。和谐性的含义比较丰富，其中既包括人与自然的和谐，也包括人与经济、社会、政治、环境和文化发展等方面的和谐以及人类社会内部的和谐。过去的城镇化建设过程中过多地强调经济发展和技术的力量，强调人要用科技去改造自然，去征服自然，导致了自然环境的退化，导致了人类内部关系的难以和睦相处，导致了现代文明的反自然扩张和人类社会自身的异化和变态。

（六）规划先行原则

建设生态城市是历史发展的必然趋势。建设生态城市离不开创造性的规划设计，创造性的规划设计需要前瞻性的理论指导。开展对生态城市的研究成为城市（规划）研究的前沿课题。用新的生态价值观指导当前城市规划理论，进行根本性变革。系统地研究生态城市理论、原理及其规划设计方法、手段、技术等一系列问题。在这个过程中，城市规划师、建筑师要紧跟行业发展脚步，摈除行业旧观念，以创新的意识开展工作。在生态城市的规划过程中，政府需加强规划信息公开机制，实现政府政策透明、公开。各级政府应充分了解民意民情，广泛开展社会听证，减少重大规划决策失误，提高规划决策的科学性。

二、生态城市建设的对策

（一）牢固树立可持续城市理念，积极建设可持续城市

墨尔本注重全民普及的环境教育，保护生态环境的理念得到居民的普遍认可。深圳的实践表明，生态城市建设是一项从思想认识到组织安排，再到制度设计的系统工程。能否转变发展理念、树立可持续发展观是生态城市建设成败的关键。“全球可持续发展的成败在于城市”，城市已成为推进全球持续发展的关键着力点，《城市可持续发展——可持续发展管理体系——要求及使用指南》给出了可持续发展的定义：“既满足当代人在环境、社会和经济方面的需求，又不损害后代人满足其需求能力的发展。”城市的可持续发展应正确处理城市发展过程中经济、社会、生态

的相互关系，通过经济增长、社会进步、资源环境生态建设相统一的途径，既满足当代城市的发展需要，又满足未来城市的发展需要。

生态文明的实质在于可持续发展。为了更好地实现可持续发展目标，生态城市是一个不错的选择，在生态城市模型中，保护地球环境的可持续生活方式及公平、正义等社会根本准则都能得以实现。城市可持续发展是一种新的发展理论和发展观，城市多目标协同论、城市 PRED 系统论、城市生态学理论、城市发展控制理论就是城市可持续性发展的理论基础。城市可持续发展应以人为本，涵盖社会、环境、经济三大支柱，并秉承公平原则。在城市发展过程中形成的低碳、生态、绿色等多种城市发展理念，既是对相关概念的整合与发展，更是可持续发展这一核心思想的传承，无不体现着“以人为本、因地制宜”的原则。城市的可持续发展是城市功能、机构、规模、数量由小到大，由简单到复杂，由非持续性到可持续性，不断追求其内在自然潜力得以实现的有序动态过程。要将可持续城市理念、相关标准和要求贯穿到生态城市建设的各个方面和环节，围绕生态城市建设的主体责任、工作内容、相关体制机制安排等采取实质性的举措，才能真正保证生态城市建设的可持续推进。同时，城市都应该以包容性发展为主线，因为包容性是城市可持续发展的根本动力，也是城市人际环境的根本取向。建设可持续发展的城市是一项极为复杂的巨大系统，包括空间布局可持续、交通结构可持续、生态环境可持续、经济支撑可持续和文化传承可持续五大维度。城市发展要向着五个维度的可持续靠近，并以此为基础创建包容性、多样性的可持续城市区域。实现城市可持续发展在五个维度的协同推进，需要以联合国“人居三”大会通过的《新城市议程》和联合国开发计划署发布的《2016 年中国城市可持续发展报告：衡量生态投入与人类发展》为指导，共同建设可持续发展的、包容的、安全的、高效的城市。这也是中国新型城镇化建设对世界的承诺和行动。

(二)聚集城市特色模式要素,持续建设五大类型城市

第一,依托生态承载力基础,建设环境友好型城市。集约、绿色、低碳、智能是中国新型城镇化的主要发展方向,环境友好型城市应当顺势而行。生态承载力反映了某一时期一定区域内具有一定生活水平的人口与资源、环境、社会、经济的和谐、互动及共生关系,是区域可持续发展能力的重要评判依据和组成部分。在新型城镇化背景下,环境友好型城市建设应当以生态承载力为基础,突出以下内容:划定城市“五线谱”,加强对城市的交通道路、绿地、水体、基础设施和历史文化街区或建筑等的规划和保护,促进城市布局和结构的合理化;优先发展公共交通,以生态承载力为基础进行需求管理,合理引导小汽车使用,鼓励绿色出行,是生态城市建设的必然选择;探索以生态文明和绿色文化为依托的环境友好型城市居民消费模式,让永续性、科学性、适度性和生态性的绿色消费模式逐渐取代传统的消费模式;结合表征生态承载力变化的生态足迹,仿真模拟环境友好型城市发展路径,通过对比生态足迹和生态承载力来衡量生态文明建设,正确引导城市向绿色生产、绿色生活和绿色消费的方向发展;瞄准国家能源发展“十三五”规划目标,把发展清洁能源和清洁高效利用传统能源作为能源建设的主攻方向;探索具有中国城市特色的可复制、可推广的海绵城市建设模式,改善城市雨洪管理系统,控制水污染,促进水资源的涵养和优化配置;坚持“3R”原则,利用政府与民营资本长期合作形成的PPP商业模式解决垃圾围城困境;发挥城市居民的协同效应,利用互联网等现代信息化技术,让全民参与城市建设。

第二,瞄准绿色产业发展,建设绿色生产型城市。绿色产业是以可持续发展为目标,在产业发展过程中倡导绿色生态,坚持低污染、低排放的理念,集生态价值、经济价值和社会价值于一体的产业。绿色工业是运用绿色生产技术生产绿色产品的工业,其实质是减少资源和物料消耗,并实现工业生产中废物的减量化、

资源化和无害化，最终实现可持续发展。为了实现绿色工业生产，政府应强制推行煤炭洗选加工，加大开采清洁能源的力度，使工业生产从源头开始绿色化；加快传统产业的绿色化改造，加强节能环保技术、工艺、装备的推广应用，全面推行绿色管理；重点发展和培育绿色产业集群，延伸产业链，推进工业的绿色转型；大力发展智能制造，突破一批智能制造技术，研制出关键产品，建设一批智能制造试点示范基地；实施行业准入制度，加速制定一个严格的低碳准入标准，只有符合低碳标准的企业才能进入或重新进入该行业；实施绿色营销战略，畅通绿色营销渠道，寻求绿色经销商，建立可持续发展的绿色健康竞争秩序；培育企业的绿色文化，建立绿色队伍。绿色农业指充分运用先进科学技术、先进工业装备和先进管理理念，以促进农产品安全、生态安全、资源安全和提高农业综合经济效益的协调统一为目标，以倡导农产品标准化为手段，推动人类社会和经济全面、协调、可持续发展的农业发展模式。绿色城市农业是指利用绿色农业的理念与技术，在城市内部及边缘区域，以城市居民为主体所开展的具有生态、文化、生产等多重效益的农业活动。为了实现城市绿色农业生产，需要技术创新和管理创新并重。在技术上，不断创新土壤修复技术、栽培技术和堆肥技术，保证农产品质量，创新城市绿色农业生产方式，实现循环生产。在管理上，政府肩负起健全农业管理规范体系、宣传普及城市绿色农业生产理念、保障城市绿色农业空间的责任；龙头企业与社区建立稳定的产销协作关系和多种形式的利益联结机制，并探索通过股份制、股份合作制等形式，促进龙头企业与社区在产权上结成更紧密的利益共同体；建立多元化城市绿色农业管理模式。

第三，践履绿色生活方式，建设绿色生活型城市。绿色生活是一场静悄悄的变革，是一场牵涉到每个家庭、每个人的变革，每个社会成员都要自觉行动起来，履行环境责任，让环保的方式、方法成为一种常识、一种习惯、一种生活态度，让勤俭节约、低碳环保、文明健康的绿色生活方式贯穿于吃、穿、住、行、用等各个方面。绿色生活方式成为主流生活方式,需要走过一段漫长的路,需要多措并举,协同推进。政府应强化宣传,促进理念认同,推进生活方式绿色化。积极培育民众的生态意识、低碳意识、节约意识、环保意识,使人与自然和谐发展的思想理念深入人心,让自然、环保、节俭、健康的生活理念深入人心;开展大型公民活动、系列科普活动以及生态环境创建活动等来普及、推广绿色生活方式,让绿色生活方式深入学校、家庭、企业、社区,成为大众的主流选择,形成绿色生活新格局。增加绿色产品供给,满足绿色消费需求。加强政策导向,发展绿色产业,开发绿色产品,提高产品质量,降低生产成本,建设绿色产品基地,满足绿色消费需求;加强绿色产品监管,维护正常的市场秩序,强化企业的社会责任,建立绿色产品营销体系,引导消费者绿色消费。加强环境制度建设,营造绿色生活氛围。

第四,融合城市建设成果,建设健康宜居型城市。继承并融合卫生城市、森林城市、海绵城市、智慧城市的建设成果,创新健康宜居型城市发展模式。维护人和人居环境的健康,普及、提高群众的健康意识,强化食品安全全程监管,推进全民健身运动,加强公共卫生服务体系和服务能力建设,保障环境空气优良;借助森林的生态服务能力,积极营造"爱绿、植绿、护绿、养绿"的社会氛围,提升城市的宜居、宜游性;利用绿色与灰色雨洪设施的恰当结合将雨洪管理艺术化,增加景观效益,使城市更加美丽健康、和谐宜居;实现城市的智能化精准管理,确保城市在惠民服务、精准治理、生态宜居、智能设施、信息资源、网络安全、改革创新、市民体验等环节体现智能化,提高城市的民生服务能力。不同地区在建设健康宜居型城市的过程中要突出优势资源,大力提升城市的健康宜居性。例如,西北地区可突出文化、体育、娱乐基础设施,西南地区可突出城市卫生系统容量和旅游资源,华南地区可突出自然生态环境资源,东北地区可突出居住用地资源。当然,对于发展健康宜居型城市的短板要给予足够的重视,避免其制约城市健康宜居性的提升。

第五,聚焦城市创新要素,建设综合创新型城市。要根据综合创新型、环境经济型、生态社会型和科技资源型四种类型城市的发展水平、层次和顺序,观照每类城市的区域布局特性,确立每类城市的发展重点和建设路径,共同推进综合创新型城市建设。建设综合创新型城市需要继续发挥高技术产业和创新创业资源的推动优势,重点突出生态经济发展、生态环境建设,使之成为我国综合创新型城市的引领示范区;建设环境经济型城市需要在创新能力、生态社会建设,特别是公众满意率等方面有所侧重;建设生态社会型城市需要聚焦创业能力,在科技企业孵化和创业企业扶持上采取措施;建设科技资源型城市需要加强生态环境和生态经济建设,尽快提升城市环境治理和资源可持续利用的能力和水平。

(三)创新政府绩效评估机制,促进生态城市建设进程

各城市地方政府是生态城市建设的直接责任主体,对各城市地方政府生态文明建设绩效的有效评估是调动各城市地方政府建设生态城市积极性的重要机制和撬动杠杆;创新城市地方政府生态文明建设绩效评估机制,是推动各城市地方政府建设生态城市的驱动机制。首先,要创新城市生态文明建设绩效评估协同参与机制。各生态文明建设主要部门的跨部门协同参与机制,专家学者、公民、企业和非政府组织共同参与的全社会协同参与机制。其次,要创新城市生态文明建设绩效评估信息管理机制。包括信息保真机制、信息公开与共享机制以及信息资源大数据库的建立、健全和完善。最后,要创新城市生态文明建设绩效评估激励约束机制。实现个人激励与组织激励相结合、物质激励与精神激励相结合,将评估结果与领导干部的选拔任用挂钩,形成良性互助机制;建立健全城市生态文明建设绩效评估法律法规体系和城市地方政府配套法规,确保制度有效供给;建立健全城市生态文明建设绩效评估监督机制,构建由行政、权力机关、司法机关、专家学者、群众组织、社会舆论等组成的多元化评估监督主体体系,

实行全面、全程监督；建立健全城市生态文明建设绩效评估责任追究机制，建立评估责任清单，明确追责标准和程序，强化惩戒功能。

（四）积极培育城市生态文化，集聚生态城市精神财富

吸取中国传统文化中重生态环境保护的精髓，积极培育中国特色生态文化，是生态城市建设的有力支撑。建设生态城市不是一蹴而就的，而是需要社会全员参与的一项复杂的系统工程，是一项规模宏大的社会民生工程。凝聚着厚重精神依托的城市生态文化，是城市经济社会永续发展、健康发展的内在的活的灵魂。深圳的实践表明，当绿色发展的理念成为城市主流文化，当低碳式的生活被内化为人们的自觉行为习惯时，生态城市的建设也就有了其自身稳固的内核。为此，各地在建设生态城市的过程中应积极利用各类媒体、各种信息化技术和手段，不断创新生态文明宣传的方式方法，在全社会传播健康发展、低碳生活、绿色消费等新风尚，凝聚生态文明共识，实现生态城市的共建共享。

（五）制定生态城市建设标准，实现生态城市高级形态

制定科学合理的生态城市建设标准，是探索城市可持续发展问题的基础性工作，也是理论联系实践的有效途径。城市标准在一定程度上决定了城市的未来。遵循从低级到高级的发展逻辑，中国生态城市的建设将经历空间散点模式、空间集聚模式、空间溢出模式、空间平衡模式四个发展阶段和四种发展模式。要实现高级阶段的城市形态，生态城市建设标准是基础工程，在生态城市建设进程中要重视标准的支撑作用。德国确定了衡量可持续发展标准的 21 项指标，从社会宏观治理、环境、资源能源 3 个方面推进城市可持续发展工作，同时德国联邦政府与标准化组织合作推进标准化建设，对中国政府实现标准化管理具有借鉴意义。中国现有的城市分类标准可概括为面向所有城市的分类标准和面向特定性质城市的分类标准两大类，还不足以回应城市可持续

发展管理的需求，需进一步研制适合国情、能充分反映不同时空条件下城市可持续发展态势的城市分类标准。建议研制能够凸显生态城市可持续发展现状、绩效、潜力和挑战的分类方案，为国际标准制定提供中国经验。

本章小结

城市生活在为人们提供便捷生活的同时，也给环境带来了一定程度的污染。本章首先研究了目前城市中普遍存在的环境问题，其中主要包括：气候问题、污水问题、生态系统问题、固体废弃物、噪声与放射性物质等问题。接下来说明了构建城市生态环境质量指标体系的原则和方法。在前两节的基础上，最后提出了建设生态城市的对策。生态城市是未来的发展方向，其可持续发展的理念符合社会发展的趋势，因此建设生态城市势必成为城市发展的重中之重。

第四章 城市公共体育服务体系研究

城市公共体育服务体系是一个复杂的系统，涉及供给系统、需求系统以及保障系统和评价系统等。为了能够充分发挥各系统和各组织要素之间的协同作用，建立一个高效、有序的公共体育服务体系，需要进行系统性的思考和研究，才能使各个环节有序发展。

第一节 我国公共体育服务体系的特点及功能

一、公共体育服务体系的特点

（一）系统性特征

对于公共体育服务系统来说，属于一个相对复杂的系统，在这个系统中，涉及很多的子系统。为了能够促进整个功能的发展以及作用的发挥，应当注重各要素之间的协同，进而建立科学、高效的公共体育服务体系。在公共体育服务体系建设过程中，需要进行系统思考，坚持系统思维，促进各个环节的管理和优化。

公共体育服务体系的系统性特征具有三方面的基本内涵。

其一，整体性。公共体育服务体系是一个有序的系统组合，在建立和完成过程中，应注重其整体运筹和运作。

其二，联系性。公共体育服务体系由多个子系统构成，各子系统之间是相互联系的，子系统内部各要素之间也相互联系。

其三，有序性。公共体育服务体系的有序性是指其内部各子系统具有一定的结构和层次，具有明确的服务方向。

总而言之，在进行公共体育服务体系建设时，应注重其体系的系统化，对其设施、服务机制、活动方式、组织机构等方面进行系统布局和规划，并注重大众体育需求的满足，促进多层次的、多样化的公共体育服务体系的建立。

（二）公共性特征

公共体育服务体系最为重要的特征即为“公共性”，其主要包括四个方面的基本内涵。

一是指利益取向的公益性。公共体育服务体系是公共服务的重要方面，其需要以实现大众的普遍公共体育权益为准则，追求效益的最大化。

二是服务主体的公众性。公共体育服务体系中，相应的公共体育服务单位要向全社会提供平等的公共体育服务。所提供的各项公共体育服务都应接纳每一位公众，接受公众的监督。

三是服务供给的公平性。享受公共服务是公民的基本权利，而提供公共服务也是政府的重要职责，在提供相应的公共体育服务时，政府应向公众提供公平的、同等的接触和享受机会。

四是资源配置的公有性。公共体育资源内容体现出一定社会的共同价值准则和主流意识形态导向。要求政府满足公众的要求，让公民享有平等的参与权和参与机会。

（三）统筹性特征

对于公共体育服务体系来说，最重要的表现形式就是统筹性，在进行体系建设的过程中，应统筹把握，促进相应目标的实现。公共体育服务体系统筹性特征表现为在进行相应的体系设计时，应加强顶层设计和谋篇布局，应在政府的主导下积极整合各方面的体育资源，促进各方面优势的发挥，促进公共体育服务体系的建设。具体而言，推进体系化建设，要重点做好“两个统筹”。

一是要积极统筹区域和部门的体育资源。以公共体育服务体系示范区为平台，去除相应的行政壁垒，促进地区、部门和系统之间的交流与协作，推动体育资源的共享和发展。

二是要统筹城乡体育发展。城乡之间经济社会的发展具有一定的不平衡性。而现阶段，统筹城乡发展是我国经济社会发展的重要方面。进行公共体育服务体系建设时，体育资源应在城乡之间均衡布局、合理配置，促进城乡之间的协调发展。

（四）服务性特征

对于公共体育服务体系来说，具有一定的服务性，在进行公共体育管理工作时，公共管理者应该具有服务特征，进而才能相应地展开服务工作，而其所提供的体育产品也是为大众服务的。

在开展工作过程中，政府、公民和相关私人部门之间角色和功能不同，其彼此配合，协调互动，为公众提供高质量的公共体育服务。公共体育服务系统应满足公众的体育需求，保障其服务性。同时，供给主体还应公开相应的信息，使得公民具有更多的知情权，接受大众的监督。大众享受相应的公共服务，其可进行自主选择。

在进行管理时，应避免传统的行政管理思维，注重人本主义理念的贯彻和实施，使得政府向着服务型政府转变。公共体育服务体系具有服务型特征，其最终要由大众和社会所支配，大众的体育需求将决定其提供什么样的体育服务，政府的服务性将逐步增强。

（五）保障性特征

对于公共体育服务体系来说还具有一定的保障性特征，建立公共体育服务体系最终是为了保障公民的体育权利，进而满足各方面的体育需求。公共体育服务体系的一些子系统，如财政保障系统、绩效评估系统与政策调节保障系统作为公共体育服务体系的重要子系统，既维护着系统的稳定，也决定着公共体育服务体系的存在效果。公共体育服务体系的保障性特征主要体现在制度方面、投入方面、参与方面与配置等方面。

其一，从制度架构上，应确保全体公民在享有公共体育服务方面权利的均等。其二，从财政投入上，应确保全体公民在享有公共体育服务方面资源的均等。其三，从决策参与上，应确保全体公民在享有公共体育服务方面效果均等，旨在允许社会成员存在公共体育服务体系之外的选择，尊重其选择权。

（六）科学性特征

公共体育服务体系属于一种科学性的制度设计，同时具有一定的科学性特征。具体来说，其具有的科学性表现为：在体系建设时期，需要根据国家和地区的经济和社会发展情况来建设，并保证责任明确、富有效率、服务优良的管理体制和运行机制。

公共体育服务体系是政府进行管理的一种重要模式，在进行管理时融入了一些现代管理技术，整个管理过程应保证其规范化、标准化、透明化等。另外，我国没有针对不同地区区域特点而形成的科学合理的体育投入指标体系。科学合理的投入指标体系应该包括三方面的内容：一是投入总额及其增长速度；二是投入总额占财政支出的比例及其增长速度；三是投入的各项构成。

科学的公共体育服务体系需要对其投入、质量、效率和水平等方面进行量化考核。建立科学的公共体育服务考评体系需要确定考核主体、考核导向以及关键考核指标，在进行考核时，应注重公众的意见，以公众需求为导向，确立相应的考核指标，建立科学合理的指标体系。

二、公共体育服务体系的功能

（一）公共体育服务体系的系统功能定位

公共体育服务体系的功能定位主要是明确该体系“做什么”

的问题，体现了该体系的总体功能目标以及开展的主要功能内容。因此，功能定位是否合理关系到公共体育服务活动能否顺利开展。

1. 创新服务功能

正确的导向确定了整个公共体育服务体系运行的发展方向和目标，而以公众为导向则是公共体育服务体系科学发展的必然选择。公共体育服务体系的核心是“公共服务均等化”，即公民都应拥有平等获得公共体育服务功能的权利，其目的主要是将服务共享功能的覆盖范围进一步地延伸和放射。这需要扩大政府决策的公众参与度，即提供什么公共体育服务和如何提供公共体育服务需要依据公众意见进行。

创新服务功能在其结构优化方面的目标则是公民共享公共体育服务的满意程度，即对公共体育服务结果的目标定位就是全体公民对公共体育服务广泛性的满意程度。公共体育服务的成效集中体现在服务的有效性方面，有效的服务集中体现了公民满意的评价。

并且，公共体育服务体系以民为本，追求公共体育服务供给方式和手段的创新与再造。这需要扩大引入市场竞争机制以符合市场经济发展的要求，营造并发展政府与社会各政府与地方政府之间公共体育服务的协作机制，进一步完善政府在公共体育服务提供过程中的责任机制，最后以稳定的法制环境为基础优化公共体育服务体系的服务功能，这是实现和创新服务功能极为关键的先决条件之一。所以，国家应通过严格的立法和执法程序，规定每一位公民享有利用公共体育服务功能的权利，使公民的权利合法化、公开化和制度化。

2. 激励约束功能

从总体上来看，公共体育服务体系的激励约束功能不仅体现为促进公共体育服务数量与质量的快速发展，还使得公共体育服务与公共体育需求的发展变化有机对接。公共体育服务体系在为决策者提供借鉴参考的同时,也将评价结果反馈给了被评价对象,使其明确工作中的长处和短处并采取相应的措施。正确的评价结果可以激发被评价者的主动性,以更高的效率努力工作;负面的评价结果可以促使被评价者警醒,从而进行改进。

公共体育服务体系通过政策导向以激励各种供给主体积极主动地依法行使其权利,在法律允许的范围内获得与之相关的最大受益。并能够做到禁止性和允许性条款规定相结合,充分发挥其激励与约束功能,为公共体育服务的快速发展提供有效的调控和保障。在财政激励约束方面,依据绩效综合评价结果对公共体育服务提供主体的支持力度进行权衡,奖惩结合,充分发挥正向激励、逆向约束的作用,而在吸引社会力量参与公共服务提供的过程中,采取税收优惠、政府采购、财政贴息等手段。

3. 资源整合功能

资源整合是优化配置的关键,公共体育资源整合就是要优化资源配置,实现整体的最优,即达到配置的帕累托效率(即二八定律)和有效公平两个目标,并最大限度地满足公众公共体育服务的需求。从总体上来讲,公共体育服务资源整合就是推动公共体育资源的社会化、市场化以及民主化进程,进一步健全和完善“政府推动、市场拉动、部门联动、城乡互动、典型带动、全民齐动”的运行机制,积极整合政府的政策资源和经费资源,落实公共体育服务的科学发展观,实现亲民、便民、惠民、利民的总体要求。

具体来说,首先,要能够通过建立资源共享机制,强化对体育系统内部场馆资源和社会学校场馆资源的整合,满足人民群众健身锻炼的需求。其次,要加大地方财政在公共体育资源配置过程中的投入比例,提高供给效率,使其能够提供符合当地居民需要的公共体育服务。最后,要制定鼓励公民参与社会体育指导员队伍的相关政策,并使之制度化和常规化,并且重视提高公共体育工作者素质的教育和培养，注重调动人的工作积极性，发挥人的潜力。

（二）公共体育服务体系供给主体间的功能关系

为了能够为公共的需求提供相应的公共服务，不仅需要有效调节社会资源配置，同时还需要发挥社会主体功能。当前，我国的公共体育服务体系中，供给主体主要包括政府公共机构、市场组织、非营利组织以及相关科研机构与高等院校等。

在公共体育服务体系内部，各供给主体依靠其自身所具备的资源优势而分别承担着不同的功能分工，进而演化为公共体育服务体系的系列功能，具体的供给主体有：

政府公共机构。政府公共机构在目标制定、政策引导、布局规划、战略研究等方面引导着公共体育服务体系的发展方向，决定着服务开展的重点领域，并且凭借其权力与权威，对体系内部的各供给主体及其行为进行管理控制和组织协调，在资源配置、结构优化和维持体系运转方面发挥重要作用，在信息、技术、资金等公益性服务项目中发挥着带头、推动作用。因此，政府公共机构在公共体育服务体系中承担着目标达成功能。

市场组织。市场组织等主体在资本积累、管理运行效率和交易成本方面具备天然优势，能够在政府无法有效进入的领域实现生产要素的优化配置，使得各生产要素在适应外部市场与社会环境变化方面反应最为迅速，可以最先做出调整和进行变化。因此，市场组织在公共体育服务体系中主要发挥着适应功能。

社会性组织。社会性组织通过调研等方式，汇集公众的多重体育需求，实现对公众需求的确认，将各种存在关联的因素整合到统一的体系下，以便协调需求、资源与供给之间的平衡，进而实现“需求整合”“组织整合”与“系统整合”的统一。因此，社会性组织在公共体育服务体系中主要承担着整合功能。

相关科研机构及高等院校。国家相关的体育科研机构以及高等院校属于政府和市场之间的一种组织形态，具有一定的公共责任，不仅承担着部分公益性公共体育服务的供给功能，还通过体育理论以及相关科学技术的教育、培训与推广研究，维持着公共体育服务体系的有效运行，使得公共体育服务体系不至于受到供给主体更替的影响。因此，相关科研机构及高等院校主要发挥着维系模式的功能。

第二节 我国公共体育服务供给体系现状

一、我国公共体育服务供给现状及问题

根据我国体育的现实和众多学者对我国公共体育服务现状的研究，我们从提供服务产品质量的角度可以归纳出我国公共体育服务面临的主要问题。

（一）公共体育服务供给的总量不足

公共体育服务供给总量是用来判断公共体育服务水平的重要标志。对于我国当前的情形可以看出，我国公共体育服务部分存在“缺位”“错位”“越位”等缺陷得不到有效控制与弥补，加之民间资本不能顺利介入公共领域，导致公共体育服务的供给与公共体育需求严重脱离，使许多公共体育服务供给成为无效供给，在原有的公共体育服务总量不足的基础上，又产生了公共体育服务有效供给总量不足的新矛盾。虽然近年来体育财政拨款总额有所增加，但体育事业费所占财政比例呈下降趋势。公共体育资金的利用效率偏低，财政投资大部分用于体育事业系统内部开支。

此外，在公共体育服务供给体系中，体育社会组织所起到的作用有限，我国体育社团类型包括体总、人群体协、项目体协、行业体协等 308 个种类，这些体育社会团体是开展各类群众体育活

动的具体领导者和组织者，但这些体育社团存在整体数量不足、官民两重性、缺乏规范管理等问题，在提供公共体育服务中起不到应有的作用。

（二）公共体育服务供给的结构失衡

对于公共体育服务供给来说，在结构方面会因为物质性的供给、非物质性供给的失衡以及经济性供给失衡导致结构性失衡。因此，国家和社会注重资金的投入与物质基础的建设，而忽视人员队伍、信息宣传、制度规范等“软环境”建设的现象在有些地区还比较严重。在部分体育事业单位改制的过程中，过度“私有化”，使得很多国有资产流失，大量本应该免费提供的公共体育服务成为人们必须交费才能获得的“经济性”服务产品。政府投资与社会投资比例失衡。此外，我国公共体育服务供给的结构性失衡还主要表现在区域失衡上，主要有东部与西部、经济发达地区与经济欠发达地区、城市与乡村的失衡。

（三）公共体育服务供给的对象有限

通常，对于公共体育服务来说，是由政府独家来提供的，而政府包办的供给能力又是很有限的，这势必会导致享受到政府公共体育服务的供给对象的数量。相关研究显示，我国社会体育指导员的缺口现象突出，人均社会体育指导员数不足1/3000。尽管公共体育部门一直在大量投入人、财、物来提高公共体育服务水平，然而这些与广大人民群众的公共体育需求期望仍存在较大差距，要求增加锻炼场地设施、开放体育场馆、提供科学健身指导服务、增加体育活动经费支持等的声音日益强烈。

现今，虽然公共体育资源开始向农村和中西部地区倾斜，国家通过税收返还、专项补助和一般性转移等转移支付手段保障落后地区的公共体育财政支持，但是在现行税收和财政体制下，中央和地方的财权分配不对称，使得地方提供公共体育服务的能力受到约束，很多农村地区，尤其是偏远地区的人们还很难获得公共体育服务的裨益。当前,我国对体育设施的综合利用、多种经营、自负盈亏的意识越来越强,但是在体育设施的设计上仍保持着贪大求全、为少数领导服务的强烈意识。体育主观部门实际上更注重“金牌战略”,对基本的公共体育服务重视不够,用大量的竞技体育投入代替了惠及公众的基本公共体育服务。

(四)我国公共体育服务供给体制存在的问题

1. 组织管理体系不健全

从组织类型上看,新中国成立以来我国已建立起较完善的体育行政管理组织体系,但是社会体育组织和市场组织体系还不健全。公共体育服务供给比较完善的发达国家的经验表明,要推动公共体育服务供给的健康运行和持续发展,就必须把公益性和市场化有机结合,以公益性为主导的运行机制体现了社会体育的大众化和服务性。

随着我国竞技体育和群众体育的迅速发展,建立适应社会主义市场经济内在需求的高效、持久的多元化运行机制是当下和未来我国公共体育服务发展的重要任务。与此同时,社会体育组织建设也必须与之同步进行,在公益性的基础上,要积极培育公民参与全民健身活动的机制,建立和完善以政府供给为主体,以体育协会和体育俱乐部等社会体育组织为辅助的公共体育服务供给体系,推进公共体育服务供给的市场化进程,建立社会化的体育服务网络,丰富公共体育服务供给的内容,逐步形成体育信息、体育指导、体育培训、体育设施、体育竞赛、体质监测服务供给等全方位的具有中国特色的公共体育服务供给格局。

从组织结构体系来看,目前我国全国性和地方性的社会体育组织较多,但基层体育组织数量不够多,规模不够大,难以满足群众日益增长的健身需要。基层体育组织隶属体育社会团体,在一定程度和范围内承担着政府社会体育管理与协调的功能,在政府和社会之间起着桥梁与纽带作用。

2. 政府垄断单一性的供给体制

长期以来，我国体育行政部门一直是我国公共体育服务供给的绝对主体。决策者的“官僚偏好”往往与其效用函数联系在一起，在集权决策机制中，公共体育资源的配置高度往往依赖决策者们的“偏好”系统。因此，在社会公共体育服务需求不断增长的情况下，这种“政府包办”的单中心公共体育服务供给已不能满足多样化与多层次的公共体育服务需求。现实情况下，由于体育行政部门把竞技体育成绩作为体育工作的重要考核标准，形成了竞技体育产品在非意愿选择下的过分供给、其他公共体育服务项目的供给显得力不从心的局面。

公共体育服务供给的主体不仅包括政府和体育行政部门，准政府组织、非政府组织（体育社团、体育基金会、民办非企业体育单位等）、企业、个人等都可以成为公共体育服务的供给主体，它们出于公共利益目的的体育事务都可视为公共体育服务范畴。

政府垄断单一性的供给体制还制约了社会体育组织的活力。近年来，我国各种社会组织发展迅速，并开始承担部分公共体育服务职能，但由于体制及政策性障碍，社会组织提供公共体育服务的作用尚不能充分发挥。

例如，国家体育总局设置的20个运动项目管理中心管理着国家批准的98个运动项目，由于受国家事业单位的建制、人员编制及经费控制，各中心不可能增加过多人员，致使部分中心整日忙于体育竞赛和活动，无暇顾及项目的长远规划，同时随着运动项目的不断增加，活动更加频繁，国际交流更加频繁，各项目管理中心提供公共体育服务的能力越来越受到限制。大量的民间体育组织虽然开始深入社区和乡村，但仍然受到众多体制和制度的约束，多数民间体育组织在管理及活动组织等方面受到的影响及阻力太大，不能充分发挥作为“百姓身边的活动组织者”的功能。大部分体育企业也由于公共体育服务的市场介入约束和企业社会责任感不强等因素，尚难以扮演好公共体育服务提供者的角色。

3. 公共体育服务供给中传统行政管理体制的弊端

当前我国公共体育供给体制仍然是采用传统的行政管理体制——政府包办体育，体育事业的市场化程度很弱。尽管目前我们已引入了国际上通行的"公共管理"概念，努力将传统行政管理向现代公共管理转变——这也是当今世界各国行政体制改革的一项基本内容，但是体育供给领域中传统的管理体制依然带来诸多弊端。

传统行政管理体制导致了体育非政府组织力量非常薄弱，其提供公共体育服务的能力有限，而社团登记导致的双重管理，经费的制约和多年来对政府的依赖，等等，这些都使非政府体育组织难以具备较高的提供公共体育服务的能力。

传统行政管理体制带来了政府供给主体单一、供给服务对象有限和公共体育服务覆盖面较窄的问题。政府、体育非政府组织、企业、个人等都可以成为公共体育服务的供给主体，然而传统行政管理体制不仅制约了体育非政府组织的发展，同时也制约了体育行业内市场组织的发展。以北京市营利性的体育健身俱乐部为例，多数健身俱乐部负责人表示不会再继续扩大投资建设俱乐部，只是在维持目前的运营状态。

4. 各级政府职能不清

现阶段，政府在公共体育服务供给过程中既扮演生产者又扮演供给者，主要问题突出表现为政府的职能不清，本该由上级政府投资管理的事情，有的通过转移事权交由下级去完成，本该由政府提供的服务却转移给发展不尽完善的市场去提供。政府对其自身与市场"该干什么"和"能干什么"缺乏考量。在公共体育服务供给方面，政府本来是管理、监督、服务和部分供给的角色，而非大包大揽，全程参与，更不是"该管的管，不该管的也要管"。政府的提供责任主要包括由谁提供、提供什么、提供多少、何时提供、向谁提供以及哪些优先提供，而不是政府独家垄断公共体育服务的生产与供给。当下,在公共体育供给方面政府规模过大,对完全可以由市场解决的且效果好的领域干预过多。最终导致我国公共体育服务带有浓厚的行政色彩和垄断性,缺乏效率和活力。

5. 公共体育服务供给体制建设中的法律缺失

公共服务法律体系主要包括三个方面,即公共服务组织法、公共服务运行法和公共服务监督法。然而,目前我国关于公共体育服务体系方面的法律法规几乎没有,现有的法律中能找到的关于政府应当提供公共体育服务的法律依据是《宪法》第二十一条的规定:"国家发展体育事业,开展群众性的体育活动,增强人民体质。"而体育领域中的基本法——《体育法》中却没有关于公共体育服务方面的规定。

法律法规的缺失使政府体育公共服务体系建设无法实现"有法可依",这与法治国家"有法可依、有法必依"的法治理念相矛盾,也与推进体育事业"依法治体"的要求相背离。在"无法可依"的状态下,从法律主体的角度来讲,体育公共服务主体的法律定位就会不清楚:体育行政部门、体育非政府组织、企业、个人等公共服务提供者之间的法律关系不清,各类公共服务主体缺乏明确的职能定位与法律地位。尤其是作为推进体育公共服务的主导者——体育行政部门对于自己是否"越位""缺位"或"错位",没有法律上的判断标准。对自己的行为没有准确定位,就会严重挫伤政府部门的积极性,也会导致体育公共服务不能合法、合理、持续、有序地推进。

二、我国公共体育服务供给体制问题的成因分析

(一)政府和公众观念滞后

其一,公众体育消费观念淡薄,对政府和国家依赖性强。当

下，广大民众在参与体育活动方面依然表现出对政府和国家极大的依赖性，对体育的关注度和参与度不够，体育消费意识淡薄，体育消费习惯还未形成。公众在公共体育服务上的权利意识淡薄，缺少对公共体育服务供给情况的参与和民意诉求，缺少对政府公共体育供给的监督和参与，一直以来都处于被动的地位，处于“给什么消费什么，不给也不说”的状态。

其二，受到“大政府”“小社会”的行政观念的影响。政府的基本性质决定了政府是权力“有限”和责任“无限”的结合体。当前，中国正处于经济转轨和社会转型的关键时期，计划经济时期的意识形态难以迅速根除，导致在计划经济形态和传统的官本位思想的影响下，“大政府”“小社会”的行政观念依然盛行。政府对公共体育供给的垄断，使得公共体育服务的供给质量和效率很难得到保证。

为了能够促进我国公共体育服务供给体制的健康发展，有效保障我国公民在公共服务中的权利和地位，首先就要解放思想，增进公民在公共体育供给方面的参与。转变人们的健身意识，提升居民的体育服务消费，树立健康的体育服务消费有利于提高生活质量、促进身心健康的观念。另外，公共体育服务供给部门要千方百计地扩大体育服务领域，创造条件，优化供给体制机制，强化服务意识。形成布局合理，内容多样，多层次、宽领域的公共体育供给服务体系。

（二）城乡分割的二元体制

造成农村体育公共服务供给不足的根源是由于城乡之间的二元体制。在工业化初期，通过农业税和“剪刀差”等形式将大部分农业积累转化为工业积累，进而为城镇化的发展奠定了基础，农民理应享受与城镇居民同等的待遇，但是，长期以来，在城乡二元体制以城市偏好为主导的公共服务供给体制的大环境下，农村公共体育服务的供给一般不列入国家或地方政府的财政预算，这就形成城乡两种有差别的公共体育服务供给体制。

这种城乡二元体制在公共体育服务提供方面的最主要表现就是，政府包揽城市所需要的主要公共体育服务，给予公共财政资金支持，而农村很大程度上实现的是"自给自足"的公共体育服务供给体制；农村所需的公共体育服务，政府提供较少，大多是以农民自己上缴税费来承担，这就导致了农村公共体育服务不论是在数量上还是质量上都与城市存在很大差距。

改革开放后，随着市场经济的引入和综合国力的增强，我国对这一非均衡的发展模式进行了调整，但城乡分割的二元结构并未从根本上得到改变，农村公共体育服务仍大多由农村自己来解决，农村公共体育服务受财力所限，远远落后于城市，这从体育场地设施的总量、分布以及社会体育指导员的配置等方面体现出来。农村公共体育服务的缺乏又制约了农村体育的发展，从而形成恶性循环，以致城乡在公共体育服务的供给和享受上的差距越来越大。

（三）公共财政体制不健全

1. 公共财政投入不足

发展公共体育的过程中，由于财政资源的缺乏，限制了我国公共体育服务供给。总的来说，体育事业发展经费的不足，影响了政府履行公共体育服务的职能，制约了公共体育服务供给的数量和质量，同时也限制了公共体育服务供给的宽度和广度，不利于体育民生工程的建设。

此外，国家直属体育事业投入在中央财政支出中的比重也呈下降趋势，国家直属体育事业经费投入的不足，直接影响到国家体育总局对体育事业和公共体育服务发展的宏观调控能力，不利于体育事业和公共体育服务供给的均衡发展。另外，在公共财政投入方面还存在竞技体育和公共体育的投入结构不合理的问题，在体育经费的使用上，表现为竞技体育投入比重大，群众体育投入比重小，同时存在区域体育发展不平衡的缺陷，表现为西部地区体育事业经费严重不足。

2. 地方财力有限

我国现行的财政体制是财权层层向上集中，而事权下移，到了最基层的乡镇一级财政，经费捉襟见肘。基层公共体育服务投入不足和资源匮乏严重影响了大众参与体育活动的积极性。从基层场地的现状就可见基层在公共体育服务供给上的财政乏力。

3. 转移支付制度不合理

一是对转移支付资金的确定采用基数法，客观上延续并扩大了既得利益格局，没能发挥转移支付资金制度在协调区域经济发展中应起的作用，不仅没有均衡财政支出差距和社会经济发展水平的均等化效果，反而扩大了各地区间财政收入能力和基本公共服务水平的相对差距，使得财政困难的县、乡长期处于不利地位。

二是中央政府对转移支付资金的拨付要经过省政府、市政府，再到县、乡基层政府，拨付资金链条的加长，一方面造成资金拨付的时滞性，影响资金的使用效率；另一方面增加了转移资金的漏出。

三是对转移支付至今缺乏有效的监督制约机制。

第三节　城市公共体育空间结构发展模式

一、与学校体育空间结合模式

学校体育与社会体育、终身体育有着不解之缘，学校阶段养成的体育习惯，对居民走向社会后的体育活动起着重要的作用。

让城市居民再回到学校中的体育空间参加体育活动，是学校体育和社会体育的又一次良好衔接。

欧美、日本（开放率达 99.8%）等发达国家的经验告诉我们，在不影响学校正常教学的情况下，学校内的体育空间完全可以拿出一部分让渡给城市居民使用，学校体育空间完全可以作为城市公共体育空间的有益补充。

我国学校体育空间对社会开放政策出台较晚，2003 年国务院颁布的《公共文化体育设施条例》中才出现鼓励学校及单位内部文化体育设施向公众开放的条款，指出在法定节假日及学校寒暑假期间，应适当延长开放时间。2006 年开始在全国范围内开展学校体育场地设施向社会开放的试点工作。直到 2009 年《全民健身条例》才明确规定学校应在课余时间和节假日向学生开放体育场地设施，并提出公办学校应积极创造条件向公众开放，鼓励民办学校向公众开放体育设施等一系列规定。

然而，多年来学校体育场地一直存在结构性闲置，虽然各界一直呼吁，却一直存在瓶颈，无实质性进展，其原因主要是由于伤害事故及责任纠纷不断出现，多数学校怕惹上“官司”大门紧闭，真正对外开放的只是凤毛麟角，甚至有些学校虽承诺公开却无实质行动。

按照国家及各地方制定的学校建设标准和设计规范，各级各类学校都须建有一定规模的体育空间。如《中小学校设计规范（GB50099—2011）》中规定中小学校的体育用地应包括体操项目及武术项目用地、田径项目用地、球类用地，每个中小学都应配置一个至少 200 米的环形跑道（含 6 道至少 60 米的直道），明确指出体育建筑设施（包括风雨操场、游泳池或游泳馆）的位置应邻近室外体育场，并宜便于向社会开放。

上学日学生上学前及放学后的时间也可以加以适当利用。城市各级各类学校具有优质的体育空间资源，利用学生非上学时间对居民开放，或在不影响教学质量的情况下将体育空间分隔成教学场地和居民体育活动场地，居民体育活动场地交予社区（健身俱乐部)等中介组织来管理,并为每一位健身的居民购买意外伤害保险,这样就规避了学校的责任和风险。

以基层政府购买服务、加强法规建设等形式,通过学校体育空间这个平台,有效地将居民对体育空间的需求与政府的体育公共服务结合起来,为解决学校体育空间闲置与居民体育空间不足之间的矛盾起到了关键性作用,为确保形成长效机制打下了坚实的基础。

二、与公园绿地空间结合模式

人们常把健康与绿色联系在一起,体育与绿色的结合,更能促进人们的健康。在城市的“天然氧吧”中健身,不但心旷神怡,更能在愉悦的心情中进行锻炼,真正做到了“身”“心”两方面的健康。

公园绿地作为城市的公共开敞空间,是最受城市居民喜爱的城市空间形态之一。城市中都会进行公园建设,通常具有良好的可达性,居民可以比较方便地享受服务。

“体育园林化、绿地体育化”,既是实现土地资源的集约利用的重要举措,又缓解了城市体育空间的短缺。城市体育相关部门与绿化和市容相关部门进行共同协商,在城市范围内的公园绿地内设置公共体育设施,这样不仅可以增加居民的体育活动空间,同时也将拓展公园绿地的服务功能。

三、与文化场馆结合模式

虽然人们对文化和体育这两个概念有多种理解,但较有共识的是:“体育是一种文化现象,文化是体育中的内涵。”自古文体不分家,文化类表演中经常能发现包含有体育的元素,不少的体育项目需要文化底蕴在里面。文化演出常常放在大型体育场馆内进行,甚至成为体育场馆的一个重要收入来源,这对于体育场馆的运营和维护大有裨益。我国关于体育和文化两个强国的发展战略应齐头并进。

《中华人民共和国体育法》《全民健身条例》均指出要“推动基层文化体育组织建设”,《公共文化体育设施条例》指出要“促进文化体育设施建设,充分发挥公共文化体育设施的功能,繁荣文化体育事业,满足人民群众开展文化体育活动的基本需求”,其中所指的公共文化体育设施,即是指“由各级人民政府举办或者社会力量举办的,向公众开放用于开展文化体育活动的公益性的图书馆、博物馆、纪念馆、美术馆、文化馆(站)、体育场(馆)、青少年宫、工人文化宫等的建筑物、场地和设备”,应充分发挥和逐步拓展社区文化活动中心的体育服务功能。

四、与绿道空间结合模式

以国外绿道网开发成功的案例和前人研究相关成果为理论依据,立足于各类体育公共空间布局结构,根据自身自然河流水系、历史文化遗址等众多体育休闲资源,结合城市主要公共交通道路网,建设城市绿道网。虽然城市公共交通道路体系中,非机动车道已经开发建设,但城市绿道网与之大不同,其区别如下,公共交通系统的非机动车道是公共交通系统的组成部分,大多数与机动车道并行建设,基本上是不设置隔离带,在公共道路交叉路口没有为行人进行专门设计,行人与机动车辆混合通过。因此,城市公共交通网的非机动车道的连续性差、机动车辆对行人影响较大。而城市绿道网是根据不同城市路段和城市道路实际情况,开发设计独立的、自成体系的绿色慢行空间。生态城市正成为未来城市发展的范式,人与自然和谐发展成为了新时期的重点。城市绿道网作为人与自然互动的载体,必将在中国未来的城市发展中占据着重要的作用。利用绿道网扩大城市公共体育空间,既可以方便市民生活,也使绿道得到了充分的利用。

第四节　公共体育服务的保障建设

公共体育服务是满足人民基本体育需求的重要途径，在促进人民体质增强、丰富人民生活、推动社会主义和谐社会构建和小康社会建设方面具有非常重要的意义。公共体育服务政策是推动我国公共体育服务发展，更好地实现公共体育服务社会化和均等化的重要支撑。因此，加强对公共体育服务政策保障体系的研究十分重要。

一、公共体育服务的政策保障建设

（一）健全体育经济政策，拓宽公共体育服务的经费来源

总的来说，公共体育服务发展的经费保障是来自于公共财政，但是在现实生活中，公共体育服务的财政保障以及经费的支持力度都比较弱。所以，一定要以政策规定的形式固定政府财政保障，切实做到有章可循，有据可查。我国公共体育发展的现状表明，虽然公共体育服务是民生问题，但不是具体的生存问题，而是发展问题，如果政策规定不明确，那么难以保障政府的财政会投入到公共体育服务事业中。要实现基本公共服务均等化，前提就是要实现财政的均等化。所以，首要的做法是制定基本公共体育服务财政保障政策，做到财政实力提高了，给予公共体育服务的经费也同步提高。

目前，我国公共体育服务体系中供给相对落后的主要原因是政府财政投入不足。针对这一问题，政府要大力改革公共体育服务供给模式，建立新型有效的投融资经济体制，对以政府为主体，市场与非营利性组织共同参与的多元化投资公共体育服务产品生产的传统模式进行改革。只有社会各方面全面参与投入，增加

体育资源完善公共体育场地设施条件和公共体育服务供给问题，公共体育服务才能使群众的基本体育需求得到更好的满足。而要做到这点，必须从以下几方面着手。

1. 强化地方政府和相关部门在公共体育服务供给中的主导意识

保障公共体育服务工作的顺利进行需要建立科学有效的调节制度，以此来对各级政府的财政关系进行调节，以不同地区自身经济发展水平差异性的现状为依据来调节财政资源，可使各地区基本有能力提供相对公平的公共体育服务，使发达地区与欠发达地区、城乡群体都能享受到公共体育服务。

2. 转变观念，增加财政投入

为了更好地向大众提供公共体育服务，政府需从以下几方面努力：

(1)制定以满足公民体育需求为出发点保障公民依法享有公共体育服务权利的相关政策。

(2)增加公共体育场地设施。

(3)加快体育信息系统建设，完善满足公民信息需求等。

(4)做好公民体质监测工作，为公民提供科学的公共体育服务指导。要做好以上工作，需要政府积极转变观念，在公共体育服务领域加大财政投入，对合理财政投入计划进行制定，并科学实施计划。

(二)制定公共体育服务发展的优惠政策

自改革开放以后，我国的党和政府对文化事业方面的发展十分重视，同时也出台了相关的经济保障政策。例如，《国务院关于进一步完善文化经济政策的若干规定》《关于进一步支持文化事业发展的若干经济政策》等法律明确规定了征收文化事业建设费、实行税收优惠政策、增加对文化事业的财政投入、建立健全专项资金管理制度、鼓励对文化事业的捐赠等，并要求各级政府加大财税支持力度，逐渐修正和完善现有的经济政策。

体育作为文化事业的重要组成部分，理应享受文化政策中的相关优惠待遇，因此，我国应当可以参照公共文化事业发展的相关政策来发展公共体育服务事业。在参照过程中，不仅要制定公共体育服务绩效评估政策、体育志愿者公共服务政策等新的公共体育服务政策，还要调整和完善现行的各项体育经济政策。例如，对公共体育服务税收优惠政策进行制定时，可以借鉴文化事业发展政策中“非营利性的公益组织和国家机关单位提供对文化事业的公益性捐赠，经税务机关审核后，纳税人缴纳企业所得税时，在年度应纳税所得额10%以内的部分，可在计算应纳税所得额时予以扣除；纳税人缴纳个人所得税时，捐赠额未超过纳税人申报的应纳税所得额30%的部分，可从其应纳税所得额中扣除”这一详细政策。

政府为市民提供基本的公共体育服务是发展公共体育事业中的主要责任，在履行这一责任的过程中，政府应当创新公共体育服务发展的思路，制定与社会组织或企业合办、联办的相关政策，积极引入各类社会资本，发展民间体育公共服务组织，本着共同发挥职责，以使群众需要的目标得到满足。此外，有关部门对辖区内各种体育资源要充分整合，要最大限度地加以利用，促进优势互补、资源共享的利益联合体的形成。

（三）创新政府与市场相结合的政策

当前，我国人民大众的体育公共需求正随着社会经济的高速发展而日益增长，政府在面对这一情况时指出，公共体育服务已经很难使公民多样化的体育需求得到满足。因此，政府可以通过市场化手段来进行供给创新，即政府施行“购买服务”的方式，通过出租或者合作经营的形式，由政府出钱委托企业、非营利性组织等为公民提供公共体育服务，使其成为提供公共体育服务的承接主体。

例如，政府出资购买学校体育馆的服务权后，与社会健身俱乐部团体签订协议，让俱乐部承担体育馆的服务提供，而政府只承担监督、管理职能。让更多群体加入公共体育服务上来是政府购买服务的本质。另外，政府还可以转变思维，对承担服务者给予优惠政策，如银行贷款优惠、一定时期内少税、免税优惠、特殊时期财政经济补贴优惠等，以此来吸引更多的社会团体加入其中，从而增加公共体育服务总量，将更多、更丰富的公共体育服务提供给大众，让群众对公共体育服务成果有一个很好的享受。

公共体育服务最主要的特点就是提供者和生产者之间是相互分离的，由于政府的能力有限，因此在公共体育服务供给的过程中，政府不可能既当提供者同时又当生产者。政府购买公共体育服务是一种新型的公共体育服务供给方式，政府作为提供者与生产服务的市场区分开来，最大程度上发挥了各自的效率。与市场相结合的购买服务所取得的效果很明显，它以合同的形式将双方紧密联系在了一起，既有利于政府行政职能的民主化发展，又能够推动市场经济在很大程度上的发展。

在现代，我国的市场经济发展已经逐渐成熟，市场的主体有很多种，这就为公共体育服务生产模式的转变提供了良好的契机，因此，政府在公共体育服务中的角色定位也会发生转变。作为公共体育服务提供者、规则制定者和执行监管者的政府不一定要是生产者和具体的操作者。只有将职能定位明确下来，才能最大化地发挥市场的力量，促进公共体育服务质量的提高和公共体育服务体系的完善。同时，这对政府机构的过度扩张也有一定的抑制作用。

二、我国公共体育服务信息保障体系的构建

（一）建设目标

依照我国当前实际的国情来看，公共体育信息服务往往会在各个阶段呈现出很多突出性的问题，由于各个阶段所出现的问题

不同，因此导致发展的目标也不同。现阶段，由于我国公共体育服务的投入不足，服务水平不高，能力有限，公共体育服务的覆盖面小。随着人民群众对物质文化和精神文化追求的不断提升，公共体育服务供给和需求的矛盾日益凸显。

面对这一时期的突出问题，公共体育服务信息保障体系的发展目标是：以公共体育服务信息资源开发为重点，利用先进的网络技术对我国公共体育服务信息资源进行整合与发布，实现公共体育服务信息资源的合理利用和有效供给，以最大限度地满足社会大众的公共体育服务信息需求；循序渐进地构建和完善具有中国特色的公共体育服务信息保障体系平台，对资源配置做进一步完善，由此产生信息化、网络化、社会化的公共体育服务信息保障体系，进一步优化我国公共体育信息服务的水平，从而让人们享受更多改革发展的成果。

（二）建设原则

1. 公平享有原则

当前，我国公共体育的服务对象针对所有公民，所以政府部门应当坚持改善公共体育信息服务的实际水平，坚持拓宽公共体育信息服务的覆盖面积，推动更多公民参与其中，从多个方面提供公共体育服务的信息资源，尽全力满足公共体育服务的信息需求，保证所有公民都能公平地享受公共体育信息服务。

2. 需求导向原则

对于公共体育服务信息保障体系的构建而言，信息需求发挥着前提与导向的作用。在我国市场经济和多元信息服务体系下，公共体育服务信息保障体系建设必须根据社会大众的公共体育信息需求进行资源整合和服务供给，并尝试构建公共体育服务信息平台，满足大众的公共体育服务信息需求。

3. 规范性和合法性原则

在公共体育服务信息保障体系建设的过程中，规范性原则要求政府应当明确相关的管理办法和服务方法，依照国际 ISO 标准或国家标准，实现数据库建设、信息交换协议、信息传递规则等平衡有序运行。合法性原则的具体要求是：一方面，政府利用详细的法律法规以及制度等来明确规定公共体育服务信息公开的范围、内容、程序、途径；另一方面，在公共体育信息服务的实践中做到认真贯彻和执行。

（三）构成要素（图 4-1）

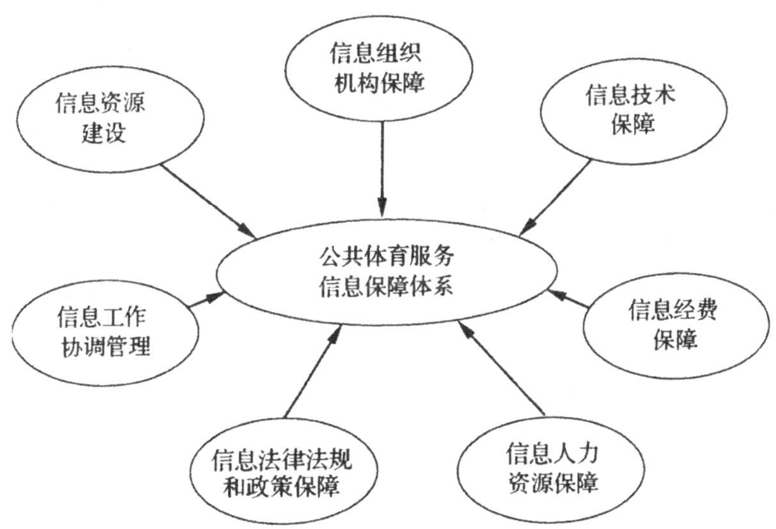

图 4-1　公共体育服务信息的构成要素

1. 信息资源建设

对于公共体育服务信息保障体系来说，信息资源建设是重要基础。在现阶段，信息数字化已经扩展到世界的各个地方，我国信息资源中心和数字化图书馆以及相关的机构建设都迸发出了强大的生命力，政府在公共体育服务信息资源与服务供给两方面的优势越来越明显,进一步强化公共体育服务信息资源建设已经成为一项急需解决的任务。

伴随着以信息网络技术为代表的科技革命不断取得突破,信息网络化已经成为推动各国经济社会不断发展的强大动力,从单机到局域网,再到广域网,最后发展到互联网,要满足数以亿计的网络用户的信息需求,我们必须不断开发和加强网络化信息资源开发和建设,建立体育信息资源的数据库,搭建公共体育服务网络信息平台,为公共体育信息服务工作的顺利进行提供强有力的信息资源保障。

2. 信息技术保障

发展与创新信息技术,属于社会科技发展的总体水平处于高端的重要基础,信息技术发展不只是局限于自身技术方面的进步和提升,同时使信息技术在短时间内渗透其他行业、逐步实现社会化、逐步涉及并植根广大群众日常生活与工作的过程。运用计算机技术、通信技术、声像技术、多媒体技术、数字技术、信息推送技术、信息发布技术、人工智能技术等,对公共体育服务信息进行组织、加工、整理和传播,可以让公众更加方便快捷地获取公共体育服务信息,从而保证公共体育服务信息保障体系的高效、高质发展,并为其体系建设奠定坚实的物质基础。

3. 信息人力资源保障

信息人力资源保障指对体育发展具有促进作用,可以完成体育实践活动或对开展体育运动有促进作用,具备特定的体育意识、体育知识、体育能力、体育经验的体育人才。体育人力资源不但是构成我国体育事业的一项关键组成部分,而且是推动公共体育服务进程的一项要素。体育人力资源包括组织管理人员、健身指导人员、健康监测人员、科研人员和体育产业经营人员等。信息人力资源保障是公共体育信息保障体系的重要组成部分,在公共体育服务信息保障体系建设过程中,不仅需要培养具备体育知识、能力、经验的指导、监测、科研人员，而且需要培养了解信息知识，掌握信息技术的组织、管理、操作人员，充分发挥人才在公共体育信息服务中的能动作用，并使其在公共体育服务信息保障体系建设中能够发挥出最大的效用。

4. 信息组织机构保障

具体来说，信息组织机构保障是为充分保障公共体育信息服务发展而组建的组织系统与机构，同时主动完成公共体育信息服务建设。截至当前，我国体育组织机构包括办公厅、群众体育司、运动项目管理中心、体育信息中心、体育文化发展中心、直属机关党委、纪检组、监察局、党团组织、体育协会、体育社团、体育工会等。为实现公共体育信息保障体系的建设目标，各体育组织机构应该密切联系，团结协作，把人力、物力和财力等按照统一的形式和标准，有秩序地整合起来，以公共体育信息服务为纽带，自上而下地形成一个全面而系统的信息组织机构网络，为公共体育信息服务的组织化、规范化和制度化建设提供保障并奠定组织基础。

5. 信息经费保障

公共服务经费不但是保障公共服务水平的基石，而且是保障公共服务质量的基石。具体来说，经费保障是以财政拨款为主要内容，利用社会各界的资助以及服务经营收入等作为经费来源，由此尽可能满足体育服务的需求。公共体育服务的资金来源存在单一化特征，同时公共体育信息服务建设经费比较短缺，这必然会对建设与发展公共体育服务信息保障体系产生制约作用。在体育体制改革不断深化和经济体制改革的背景下，政府应采取多样化、多渠道的方式来筹集公共体育信息服务经费，将公共体育信息服务的资金投入纳入地方财政预算，专款专用，集中社会力量，通过制定激励措施吸引社会资金的投入，积极引导社会资金参与，为公共体育服务信息保障体系建设提供经费支持和保障。

6. 信息工作协调管理

公共体育信息服务内容多,覆盖面广,独立的信息组织机构不可能全面地收集到所有公共体育服务信息资源,信息保障能力是有限的。各类信息组织机构应该根据本机构的特点,进行特色化的信息资源开发与建设。在信息工作协调管理的过程中,一定要在所有系统或所有部门之间构建信息工作的协调与管理机构,通过组织协调与管理来对信息资源的共建和共享做出科学规划,促使各个范围内的信息资源建设更加规范,在信息工作协调管理的基础上,尽全力建设覆盖面积大而广的公共体育服务信息保障体系。

三、我国公共体育服务财政保障体系的构建与完善

(一)完善财政资金资源配置指导思想

1. 树立综合平衡的思想

站在宏观的角度分析,我国体育事业在发展的过程中是体育事业整体在进行发展。新时期,要建立公共体育服务财政保障体系的合理构建理念,因此就要树立起综合平衡配置思想,充分认识到体育的特有属性,不断加强体育的公共服务,不断提高体育服务水平,不断增加体育市场供给,不断促进体育事业与产业的协调发展,以科学发展观优化配置体育财政资金资源。

2. 树立高效利用的思想

由于我国的人口众多,因此人均可用的体育资源是有限的,而体育则是一种高度资源消耗的活动,在公共体育服务资金资源的支配方面,必须充分强调体育资源的高效利用,使所有的体育资源都能发挥出自己的作用,有效促进体育资源配置方式的集

约、高效利用。

尽管我国在公共体育服务财政投入方面做出了许多努力，但我国公共体育可利用的资金资源仍然十分有限，当然，经费不足不是不提供服务的理由，对于公共体育服务经费的保障首先要制定严格的制度和合理的管理方法，另外，在经费的使用方面要做到透明、公开，使每一分钱都能发挥它的最大作用。

（二）增加多元化的财政资源投入

我国是一个体育资源相对匮乏的国家，因此能够运用到公共体育领域的资源就更加的稀少了，这种情况在短时间内不会有明显的改变。公共体育服务经费是公共体育服务的重要保障，可以说，没有经费的支持，很多公共体育服务就无法进行。

1. 发展公共体育经济实体

在建设公共体育服务的过程中经费的投入是必不可少的，运动器材、运动场地以及竞赛活动的展开都需要一定的资金投入以及相关专家学者的建议。在我国公共体育服务财政投入体系建设过程中，公共体育资金投入应该达到常住人口人均 1 元以上，并逐年有所增加。在发展公共体育过程中，可以建立相关的公共体育经济实体，创造一定的经济效益。

上层建筑能够更好地发展取决于经济基础，这一经济学规律引申到公共体育项目开发与创新上也同样适用。国家以及个人对公共体育的人、财、物、参与兴趣度等条件都会从不同程度上影响着公共体育项目的创新发展。

为了满足社会大众不断增长的体育需求，应通过各种途径加大对公共体育建设的投入。

(1)想方设法筹集经费，建设体育场地设施。

(2)通过财政拨款支持体育场地设施建设。

(3)用本街道的创收经费修建体育场地设施。

(4)从各类社会募集资金中切块下拨经费建设体育场地

设施。

2. 建立完善的体育基金

体育基金是一种利益共享、风险共担的集合投资方式，由基金托管人托管，由基金管理人管理和运用资金，基金投资人享受投资的收益，并承担亏损风险。

体育基金在很大程度上也能充分发挥体育融资的作用，对于体育存量资金的盘活具有重要的作用。同时，基金的投资者可以获得一定的收益，对于社会体育资金吸收是一个非常好的措施。

3. 进一步发展体育彩票

体育彩票是国家筹措体育资金的一项有效措施，现在已经成为筹措体育经费的重要方式，作为一种新型的融资手段，可以吸收社会闲置资金，有效缓解当前我国公共体育服务需求增长与国家财政投入不足的矛盾。

从1998年开始，国家体育总局利用体育彩票公益金修建了全民健身工程。这些健身场地、设施的投放使用，在一定程度上，使社会大众的健身场地、设施不足等问题得到了有效的缓解。当然，一些特殊的体育服务还可以适当向社会大众收取一定的费用，但应注意这种收费不应是以盈利为目的的。随着我国对全民健身事业的大力支持，我国各地的体育设施建设不断完善，大大提高了全民健身的物质条件，为大众体育的发展提供了便利。

4. 利用资本市场融资

当前，我国致力于大力发展体育事业，体育产业面临着良好的发展机遇，因此，要充分利用这一契机，并有效借鉴发达国家利用证券市场促进体育产业发展的经验和办法，积极培育我国的体育资本市场，引入社会资本发展体育事业，借助证券市场解决我国体育产业发展资金不足的问题。

（三）健全公共体育服务财政体系

1. 调整公共体育财政投入结构

长期以来，我国都十分偏重竞技体育，轻视群众体育，这种现象不利于我国体育事业的长期发展，因此，必须调整财政投入结构，从根本上改变这一不良现象。

现阶段，有必要调整公共体育财政投入结构，在支持竞技体育快速发展的同时，不断加大对群众体育的投入。具体应按照《全民健身计划纲要》的要求，做好以下工作。

（1）增加群众体育事业的投入，为公益性体育事业单位正常体育活动的开展提供必要的经费。

（2）对半公益性体育事业单位正常体育活动的开展给予适当的经费补助。

（3）对经营性体育事业单位正常体育活动的开展提供适当的税收减免。

2. 完善公共体育服务税收立法

现阶段，针对我国公共体育服务的相关税收政策的实行，应进一步加强立法工作的开展。具体应做好以下两方面工作。

一方面，明确具体的没有规定税率的体育项目，将其归入文化体育业税目。另一方面，将一些休闲体育运动项目归入服务业中的其他服务业税目，按照5％的税率收税。

3. 完善体育资源价格体系

在有限的公共体育服务财政投入下，最大化、高效利用体育资金资源是发展公共体育服务财政保障体系的必然要求。

当前，我国各级政府在体育财政资金投入方面的粗放式配置现象比较严重，体育资源的价格体系不健全和不合理，即使某些体育资源供不应求，其价格也可能长期低迷，市场机制调节中资源的配置效率必然低下。

为了更加方便地配置体育资源，建立健全集约式的体育资源配置方式，就必须完善现有的体育资源价格体系，使体育资源的价格体系能真正反映市场需求。具体应做好以下工作。

(1)政府应大力鼓励非国有体育经济组织(企业)的发展，使更多的个体、私营以及外资等体育经济组织参与到体育资源配置中来，促进体育资源产权主体的多元化，将体育产业的资源流动与配置及体育经济组织的经营与管理交给市场。

(2)政府应有针对性地对体育产品实施管理，并结合体育产品的特性合理制定价格。针对营利性的体育产品，实施宏观调控手段，规范市场秩序，杜绝不正当竞争；针对公益性体育产品，应给予必要的财政补贴或税收优惠。应进一步优化体育产品的价格结构和比价，为体育产品利益主体提供正确的市场方向，引导市场中体育资源的合理配置。

(3)市场经济条件下，体育市场的供求关系受收入水平、市场规模、市场需求以及消费者偏好等因素的影响。体育供求决定着体育资源的合理配置。因此，应时刻关注影响体育资源配置的收入水平、市场规模、市场需求以及消费者偏好等指向标的发展和变化，适时对体育资源的配置进行调整。

(四)加强公共体育服务财政管理

1. 加强公共体育服务的财政监督

加大公共体育服务财政监督力度，促进公共体育服务财政信息公开、透明是当前我国公共体育服务财政保障体系构建的一个工作重点和突破口。

当前，必须进一步加强公共体育服务的财政监督，通过立法的手段，建立健全体育财政监督制度。国家法律体系的逐步建立与完善，有助于促进各种体育政策、法规体系更加完善，同时有效加快体育活动自身的法制建设，使社会体育活动的开展有法可依、有章可循，人们的体育权利将得到法律的有力保障。

2. 健全公共体育服务的财政绩效评估

现阶段，加强对财政预算的管理和绩效评估，有助于提高我国公共体育服务的财政投入的使用效率。具体应做好以下工作：

（1）建立节约型社会，打造高效廉洁政府。

（2）创造良好的预算管理改革政策氛围和契机。

（3）顺应分税制改革形势，将公共体育服务的财政预算管理改革重心转向优化预算支出规模和结构方面。

3. 建立公共体育服务的财政激励机制

一方面，对公共体育服务保障较好的地区，中央财政应给予激励性奖励，给予财政补贴。另一方面，对企事业单位、学校对社会开放体育场馆等公共体育资源的经验管理，政府应给予财政奖励政策。

本章小结

建设覆盖城乡、健康惠民的公共体育服务体系，是一项艰巨而又光荣的任务，也是一项涉及面广、十分复杂的社会系统工程。公共体育服务体系建设既要立足于基本国情、立足群众参与体育、享受体育的需求，建设群众身边的场地设施，建立健全的体育组织，又要同时开展各项体育活动，充分保障群众的体育权利，坚持政府的主导，牢牢把握公共体育服务的公益性质，有很多问题值得我们去思考与探索，准确把握不同时期的公共体育服务内涵建设以及保障机制关键点，才能合理地建设公共体育服务体系。

第五章 城市公共医疗研究

习近平总书记在党的十九大报告中明确指出，要实施健康中国战略，“深化医药卫生体制改革，全面建立中国特色基本医疗卫生制度、医疗保障制度和优质高效的医疗卫生服务体系，健全现代医院管理制度。”2018 年的《政府工作报告》中也指出，要“深化公立医院综合改革，协调推进医疗价格、人事薪酬、药品流通、医疗保险支付改革，提高医疗卫生服务质量，下大力气解决群众看病就医难题”。可以看出加强城市公共医疗系统建设，是我国现阶段的重要任务，是实现人民幸福的基础条件。

第一节 城镇居民基本医疗保险运行现状评价及展望

党的十九大报告中指出，要加强社会保障体系建设，“完善统一的城乡居民基本医疗保险制度和大病保险制度”。整合城镇居民和农村居民的医疗保险是我国公共医疗建设的重要内容，是为民众提供公平医疗服务的基础。

一、我国社会保障事业发展现状

(一)劳动就业

截至 2017 年年末，全国就业人员 77640 万人，比上年末增加 37 万人；其中城镇就业人员 42462 万人，比上年末增加 1034 万人。全国就业人员中，第一产业就业人员占 27.0%；第二产业就业人员占 28.1%；第三产业就业人员占 44.9%。2017 年全国农民工总量 28652 万人，比上年增加 481 万人，其中外出农民工 17185 万人。如图 5-1 所示。

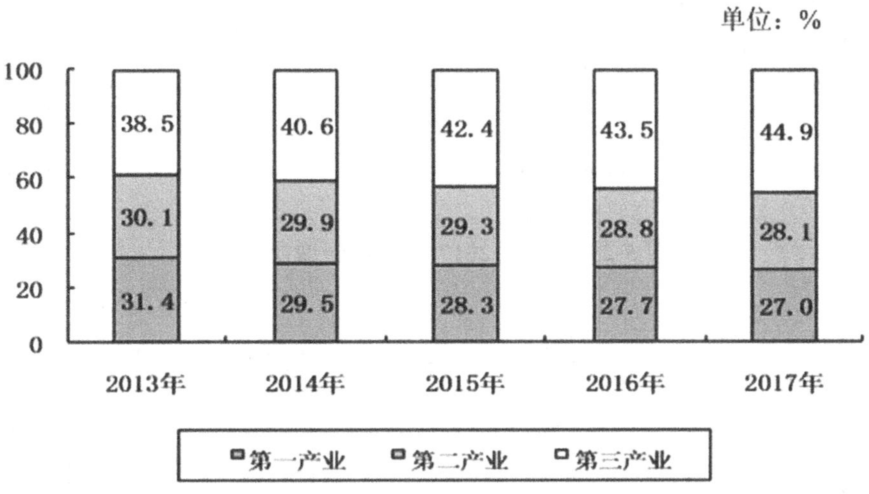

图 5-1　2013—2017 年全国就业人员产业构成情况

随着城镇不断发展，到城镇工作的人员也持续增长。2017 年全年，城镇新增就业人数 1351 万人(图 5-2)，城镇失业人员再就业人数 558 万人，就业困难人员就业人数 177 万人。年末城镇登记失业人数为 972 万人，城镇登记失业率为 3.90%，如图 5-3 所示。全年全国共帮助 5.1 万户零就业家庭实现每户至少一人就业。组织 2.9 万名高校毕业生到基层从事"三支一扶"服务。

(二)社会保险

我国的基本社会保险服务主要包括五项内容，即养老保险、医疗保险、失业保险、工伤保险以及生育保险。2017 年，五项社会保险基金收入合计 67154 亿元，比 2016 年增加 13592 亿元，增长 25.4%。基金支出合计 57145 亿元，比 2016 年增加 10257 亿元，增长 21.9%。近五年社会保险基金收支情况如图 5-4 所示。

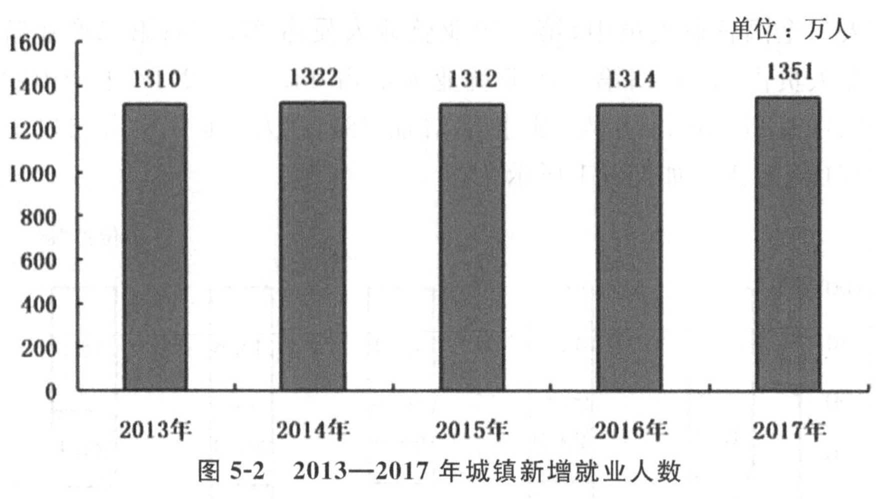

图 5-2　2013—2017 年城镇新增就业人数

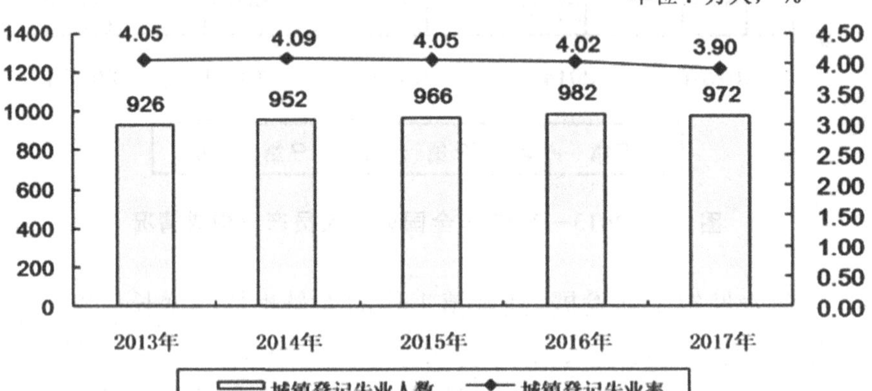

图 5-3　2013—2017 年城镇登记失业人数及登记失业率

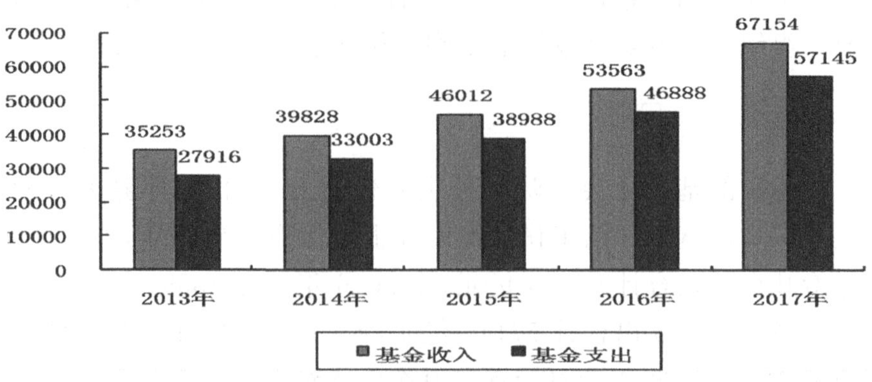

图 5-4　2013—2017 年社会保险基金收支情况

1. 养老保险

截至 2017 年 12 月,全国参加基本养老保险人数为 91548 万人,相较于 2016 年增加 2771 万人。全年基本养老保险基金收入 46614 亿元,比上年增长 22.7%,其中征缴收入 34213 亿元,比上年增长 24.4%。全年基本养老保险基金支出 40424 亿元,比上年增长 18.9%。

2017 年,全国基本养老保险基金累计结存 50202 亿元。相较于 2016 年,2017 年的城镇职工基本养老保险参保人数增加了 2364 万人,总数达到 40293 万人。其中,参保职工 29268 万人,参保离退休人员 11026 万人,分别比 2016 年年末增加 1441 万人和 922 万人。年末参加城镇职工基本养老保险的农民工人数为 6202 万人,比 2016 年年末增加 262 万人。年末城镇职工基本养老保险执行企业制度参保人数为 35317 万人,比 2016 年年末增加 1053 万人。

2017 年,全年城镇职工基本养老保险基金总收入相较 2016 年增长 23.5%,达到了 43310 亿元,其中征缴收入 33403 亿元,比 2016 年增长 24.8%。各级财政补贴基本养老保险基金 8004 亿元。全年基金总支出 38052 亿元,比 2016 年增长 19.5%。年末城镇职工基本养老保险基金累计结存 43885 亿元。

2017 年年末城乡居民基本养老保险参保人数 51255 万人,比 2016 年末增加 408 万人,其中,实际领取待遇人数 15598 万人。全年城乡居民基本养老保险基金收入 3304 亿元,比 2016 年增长 12.6%,其中个人缴费 810 亿元。基金支出 2372 亿元,比 2016 年增长 10.3%。基金累计结存 6318 亿元。

2017 年年末全国有 8.04 万户企业建立了企业年金,比 2016 年增长 5.4%。参加职工人数为 2331 万人,比 2016 年增长 0.3%。2017 年年末企业年金基金累计结存 12880 亿元。

2. 医疗保险

随着我国医疗保险的覆盖范围越来越广,参保人数也越来越多。2017年，全国参加基本医疗保险人数为117681万人，比2016年末增加43290万人，其中，参加职工基本医疗保险人数30323万人，比2016年年末增加791万人；参加城乡居民基本医疗保险人数为87359万人，比2016年年末增加42499万人。在参加职工基本医疗保险人数中，参保职工22288万人，参保退休人员8034万人，分别比2016年年末增加568万人和223万人。年末参加基本医疗保险的农民工人数为6225万人，比2016年年末增加1399万人。

2017年，基本医疗保险基金总收入17932亿元，支出14422亿元，分别比2016年增长37%和33.9%。年末基本医疗保险统筹基金累计结存13234亿元(含城乡居民基本医疗保险基金累计结存3535亿元)，个人账户积累6152亿元。

3. 失业保险

2017年，全国参加失业保险人数相较上一年增加695万人，达到了18784万人。随着失业保险的完善，可以为越来越好地为不同阶层的人提供失业保障服务。2017年，参加失业保险的农民工人数为4897万人，比2016年年末增加238万人。年末全国领取失业保险金人数为220万人，比2016年年末减少10万人。全年共为458万名失业人员发放了不同期限的失业保险金，比2016年减少26万人。失业保险金月均水平1111元，比上年增长5.7%。全年共为领取失业保险金人员代缴基本医疗保险费85亿元，同比增长6.8%。全年共为66万名劳动合同期满未续订或者提前解除劳动合同的农民合同制工人支付了一次性生活补助。全年共向45万户参保企业发放稳岗补贴198亿元，惠及职工5192万人。共向11万参保职工发放技能提升补贴3亿元。共有16个省份和新疆兵团发放价格临时补贴7282万元。全年失业保险基金收入1113亿元，比2016年下降9.5%，支出894亿元，比2016年下降8.4%。年末失业保险基金累计结余5552亿元。

4. 工伤保险

2017年,全国参加工伤保险人数相较2016年增加834万人,达到了22724万人,其中,参加工伤保险的农民工人数为7807万人,比2016年年末增加297万人。全年认定(视同)工伤104万人,与2016年基本持平。全年评定伤残等级人数为52.9万人,比2016年减少0.6万人。全年享受工伤保险待遇人数为193万人,比2016年减少3万人。全年工伤保险基金收入854亿元,比2016年增长15.9%。支出662亿元,比2016年增长8.5%。年末工伤保险基金累计结存1607亿元(含储备金270亿元)。

5. 生育保险

2017年,全国参加生育保险人数相较2016年增加849万人,达到了19300万人。全年共有1113万人次享受了生育保险待遇,比2016年增加199万人次。全年生育保险基金收入642亿元,支出744亿元,分别比2016年增长23.1%和40.1%。年末生育保险基金累计结存564亿元。

二、城镇居民基本医疗保险制度存在的问题

(一)城乡居民医疗保险存在政策差异

虽然我国当前已经合并新型农村社会养老保险和城镇居民社会养老保险,建立全国统一的城乡居民基本养老保险制度,但是现行的医疗保险政策仍然由参保类型决定。因此,筹资标准的差异性和补偿待遇的复杂性,导致了政策与待遇的误解。主要表现为参保人对城镇居民医疗保险与城镇职工医疗保险的横向对比。作为城镇居民医疗保险,其缴费标准未固定数额,而职工医疗保险是对经济来源的按比例缴费作为其缴费标准。随着经济发展和医疗费用价格上涨,城镇职工医疗保险的按比例缴费标准

相对适应发展的趋势，相比，城镇职工医疗保险的定额缴费标准则是相对较难适应，导致城镇居民医疗保险基金无力支付医疗费用造成穿底风险。此外，城镇居民医疗保险报销比例也相对较低，目录内所包含的病种也有较多的限制。

相较于新农合，城镇居民的缴费水平与其可享受待遇存在较大差异，并且城镇居民需要缴纳的费用也高于新农合参保人群。在不同的医疗机构，新农合的门槛费、报销比例均高于城镇居民医疗保险。此外，随着新农合报销比例的提高，城镇居民医疗保险也同样被迫提高，由于医疗保险基金承受能力的限制，提高报销比例后的城镇居民医疗保险难以顺利高效地运行。

（二）医疗异地转移存在一定困难

当前我国还没有完全实现医疗保险的全国的登记与管理模式，而主要是以省级、市级甚至县级单位进行办理，这就导致一些参与城镇居民医疗保险用户至外地发展后，出现虽然办理了医疗保险，但无法享有及时的医疗补贴与保障。需要异地医疗机构进行治疗时，医疗保险服务的启动手续相对繁杂，办理时间较长。

我国社会经济不断发展，在这样的背景下，城镇居民区域调动、跨地区转移越来越频繁。由于不同省份经济水平的不同，医疗保险待遇支付的标准也存在差异，在遇到跨省结算医疗保险待遇支付时，不免产生支付标准产生差异的问题。由于我国各地区经济水平的差异，享受待遇标准因地区而产生差异，因此，在参保人因工作、生活等的需求对户籍进行调整时，需要对其转移参保人明确待遇水平的标准。虽然目前各地也相继出台异地就医相关的管理办法，但部分规定同样制约了参保人异地就医的需求。

一般情况下，我国城镇居民医疗保险制度的统筹层次为县、市级统筹。统筹层次低，不仅不利于进一步分散风险，也不利于资金在全国范围内调剂和发挥更大的医疗互助共济作用。从保障水平来看，由于我国各地区经济发展呈现很大的不平衡性，导致现有的保障水平尚难以满足人民群众的需求。故许多地区仍旧以保障住院和门诊大病医疗支出为主，最高报销上线也有待进一步提升。

(三)基金筹资过度依赖财政

就当前的城镇居民基本医疗保险基金运行来说，太过于依赖财政补贴，这就导致财政补贴规模扩张成为基金收入增长的最主要途径。政府卫生投入持续增加，但政府卫生投入增速已呈现放缓趋势。政府卫生投入与卫生总费用基本呈现同步增长趋势。城镇居民基本医疗保险制度的可持续发展将面临巨大挑战。政府卫生支出由2005年的1552.53亿元(占17.92%)增加到2015年的12533亿元(占30.88%)，同比增加18.47%，年均增速为23%，近五年增速(2011—2015年年均增速17%)低于医改初始阶段的增长速度(2009—2011年年均增速22%)。2015年卫生总费用40587.7亿元，较2014年增加14.94%，基本延续了新医改以来的总体增长趋势(2009—2015年年均增速15%)，且增速低于近10年来的平均增长速度(17%)。另外，由于各地区经济发展不均衡，致使其地方财政的支付能力差异大，从而直接影响到城镇居民基本医疗保险的筹资和利用有较显著的地区差异，影响到中国城镇居民的健康公平性。2015年统计数据显示，城镇居民基本医疗保险筹资75.2%依靠财政补助，其中：中央财政补助504亿元，占全部财政补助的31.8%，较2014年增加30.2%，较2010年增加440亿元，年均增幅47%；省级财政补助521亿元，占全部财政补助的32.9%，市级财政补助占33.8%。[①]

(四)城镇居民医疗保险确定模糊

虽然我国不断推进城镇居民和农村居民的医疗保险制度有

① 方鹏骞．中国医疗卫生事业发展报告(2016)[M]．北京：人民出版社，2017，第114页．

机整合,但当前城乡之间医疗保健资源、卫生资源配置仍然存在不合理现象。相对优质医务人员及医疗资源聚集在县级以上医院,基层镇、村一级医疗条件有限,病人流向仍呈现向上一级医院流动的情况,从而导致医院人满为患的现象。在农村地区,与医院相比,村卫生室则拥有更高使用率,然而其部分卫生人员并未参加正规培训,以及部分卫生室缺乏必要的设备。

目前,我国存在城镇与乡村划分界限模糊的现象,不能单纯地以地域界限作为进行划分的唯一标准,这也就影响了城镇居民医疗保险的确定。城镇之中,存在着从农村中走向城镇发展的打工人员“农民工”。在国家惠农利农的倾向性政策的推行实施情况下,鼓励城市人员进入农村进行种植与养殖的工作。换言之,即使是城镇中的居民,如果是自主灵活就业的方式,那么,就没有相关部门主动为这些人员安排医疗保险的办理。只有在这些人员主动积极地参与医疗保险的情况下,才给予办理。对于那些不在固定企业岗位工作,对于医疗保险制度意识淡薄的自由职业者来说,要采取措施及早办理并享用医疗保险。

(五)基金收不抵支与利用水平较低的现象并存

目前,我国部分地区存在城镇居民基本医疗保险当期结余为负的情况,也就是说,这些地区的保险基金收不抵支,上海、青海、西藏等地区都出现了这一情况。且全国数据表明,城镇居民医疗保险基金的累计结余增幅减缓,即全国总体趋势上基金的支出增幅高于收入增幅。这主要与医疗费用控制不当、医疗保险释放参保人的就医需求后就诊人次大幅度增长以及居民医疗保险待遇标准不断提高后个人筹资标准却没有相应调整有关。而与此现象相反的,部分地区的当期结余率过高。

《中国医疗卫生事业发展报告(2016)》指出,全国有7个地区(北京、江西、广西、天津、湖北、贵州、新疆)的当期结余率高于25%,尤其是北京市的城镇居民医疗基金当期结余率高达41.60%,说明城镇居民医疗保障制度的利用不足,需进一步扩大受益面，提高报销比例，增加基金利用效率。[①]

表 5-1　全国城镇居民基本医疗保险基金收入和支出情况预测

年度/年	基金收入/亿元	基金支出/亿元	当期结余/亿元	累计结余/亿元
2010	354	267	87	406
2011	594	413	181	587
2012	877	675	202	789
2013	1187	971	216	1005
2014	1649	1437	212	1217
2015	2109	1781	328	1545
2016	3014	2603	411	1956
2017	4306	3805	502	2457
2018	6153	5561	592	3050
2019	8793	8128	665	3714
2020	12565	11880	685	4399
2021	17954	17364	590	4989
2022	25655	25379	276	5266
2023	36660	37094	−434	4831
2024	52385	54217	−1832	2999
2025	74855	79245	−4389	−1390
2026	106964	115824	−8860	−10250
2027	152845	169290	−16444	−26694
2028	218407	247435	−29028	−55722
2029	312091	361652	−49561	−105283
2030	445961	528594	−82633	−187916

① 方鹏骞．中国医疗卫生事业发展报告(2016)[M]．北京：人民出版社，2017：114.

从表5-1的统计数据可以看出，2010—2015年城镇居民基本医疗保险基金收入年增长率为42.9%；城镇居民基本医疗保险基金收入支出年均增长率为46.2%。以以上年均增长率为基础进行预测，可以发现，至2023年，当期结余将出现基金穿底；至2025年，城镇居民医疗保险累计基金将穿底。

三、城镇居民基本医疗保险制度展望

（一）城镇居民医疗保险与新农合整合

我国从2014年开始建立全国统一的城乡居民基本养老保险制度，该制度实现了新型农村社会养老保险和城镇居民社会养老保险的有机整合。整合城乡居民医疗保险，既要着力促进城乡居民医疗保险的公平、均等化，又要妥善处理好政府、人社部门、医疗保险经办机构、医疗机构等之间利益关系，更要适应人口流动、医疗服务均等化需求，不断提高居民对医疗保险服务的满意度。

通过各地试点运行情况来看，推进城乡居民基本养老保险制度，必须进一步加强顶层设计，从而有效减少地方试点制度运行成本。

第一，加强基层医疗保险经办机构队伍建设，强化基层经办力量，简化异地就诊审批手续，推进信息系统建设，尽快实现省域内、跨省就医即时结算。

第二，在明确主管部门基础上，尽快实行制度、政策、经办管理、信息系统等的完全统一，提高服务效率，减少行政资源浪费。

第三，建立公平、可持续的财政补贴机制，对不同收入群体、缴费档次实行基本相同的财政补贴政策。应将民政、工会、残联等部门分散管理的医疗救助纳入医疗保险部门统一管理，对低保对象、重点优抚对象等的各类医疗保险财政补贴、民政资助进行合并、统一。

第四，明确整合步骤。在整合新农合和城镇居民医疗保险的基础上，积极推进“三保合一”。探索城乡居民医疗保险和城镇职工医疗保险缴费年限的折算办法，打破二者之间的制度壁垒。鼓励地方探索将城乡居民医疗保险与城镇职工医疗保险基金合并运行，调剂使用，统一管理。加快在全国范围内取消公费医疗制度。

第五，逐步提高统筹层次。在市级统筹的基础上，设定年限，逐步实行省级统筹、全国统筹。

除了以上几点外，还应该合理界定城镇居民基本医疗保险与商业保险关系，引导高收入人群、高风险人群参加商业保险，从而获得更高质量的医疗保险服务，推动形成城镇居民基本医疗保险与商业保险共同发展的良好格局。

（二）提高医疗保险监管能力

1. 加强对医疗保险基金监管

出台基金监管具体办法，建立完善的基金监督管理机制。选聘专业人士组建医疗保险基金运行监管机构，负责监督基金征收、流动、支付和存储等情况。定期将基金收支具体情况进行公开，接受社会监督。

2. 加强医疗保险对医疗服务的监控

商业保险机构具有专业优势，应鼓励和支持商业保险参与医疗服务行为监管、待遇核发结算等医疗保险管理服务。人社部门要创新管理手段、方式方法，注重运用现代科技手段，研究开发应用医疗保险监管服务平台系统，提高监管的及时有效性；建立医疗保险医师信用档案，将医疗保险预付金支付比例与医疗机构诊疗行为相挂钩，引导医疗机构及医师自我约束医疗行为。

（三）提高统筹水平，实现医疗保险全面统筹

当前的城镇居民医疗保险的重点工作即是解决跨区域联网

问题，建立跨区域的医疗保险联网是解决异地转诊、就医困难的优选办法。国家社会保障部门和管理部门需要尽快制定统一、科学、规范的政策措施，开发具有联网身份验证功能的网络服务体系，以实现省、市、县联网。对实现跨省统筹，需在试点省级区域内城市实行统筹，在更广的范围内运营医疗保险基金，条件成熟后即可逐步实现全国统筹。同时，为了保证参保者在一定区域内正常流动，劳动、卫生、民政等部门应建立协调机制，将城镇职工医疗保险、城镇居民医疗保险、新农合三项医疗保险制度紧密衔接，使其适应正常人的工作岗位、身份变动频繁这一特点。随着城镇居民医疗保险与新农合制度在部分试点地区的整合，已经逐步趋向信息互通，满足该项需求。

（四）提升财政补助的可持续性和公平性

当前我国医疗保险财政补贴的主要来源是地方政府，尤其是县级政府会提供较大比重的支持，这样医疗保险待遇就难以摆脱地域限制，各地筹资水平和报销比例不同。这既给流动人口医疗保险转续、异地转移支付造成麻烦，也制约医疗保险统筹层次的进一步提高。同时，为确保整合后居民待遇提高，需要财政加大支持力度，对地方财政提出更高要求。

个别地方对不同缴费档次的参保人员实行不同的财政补贴标准，而且个人缴费档次越高，财政补贴越多。这实际上是对高收入人群的倾斜。财政补贴不应“嫌贫爱富”，而应一视同仁，对各类缴费档次实行统一财政补贴数额。即使有所侧重，也应倾斜低收入群体、弱势群体。对于特殊困难的参保人员，应起码按中档缴费标准予以补贴，而不应是最低档次。

（五）加强各医疗保险制度之间的有机衔接

为保证各基本医疗保险制度之间可实现自由的相互转换与续接。各省可考虑将城镇居民医疗保险、城镇职工医疗保险与新农合划归单一部门进行管理，再由其他相关政府部门进行监督管控。据十八届三中全会指出，将城镇居民医疗保险与新农合进行整合成为城乡居民基本医疗保险，从而消除城镇与乡村之间的界限划分。我国部分地区已实施并轨整合试点，将在试点推行后总结经验，并将整合逐步推至全国范围内实施。

（六）大力推进医疗保险支付制度改革

为了提高医疗保险基金使用效率、最大限度惠及参保人员，就必须推进医疗保险支付制度的改革。

第一，创新医疗保险支付方式改革。应推进总额预付、按病种分组以及按人头付费等多种付费模式，防止过度医疗。

第二，适当提高报销比例，适当降低住院起付线。鉴于近年来医疗保险基金结余数额不断增加，建议建立医疗保险基金使用的预测预警系统，适当控制医疗保险结余率和累计结余率，提高基金使用率。

第三，推进报销目录改革。当前哪些项目该报往往是人社部门说了算，参保人缺乏话语权。应注重听取参保人意见修改完善报销目录，适当扩大医疗保险报销项目、药品目录，更加重视基本医疗需求。

除了以上几点外，还应该加强医疗服务成本核算，杜绝医疗服务乱收费的现象出现。

（七）建立完善人社和卫计委部门合作机制

推行全国统一的城乡居民基本养老保险制度，不能仅让人社部门或卫计委单独管理，应该实现二者的协调合作，共同科学管理。因此，应加强部门间的有效沟通、长期合作，特别是在大病保险合规医疗费用界定、医疗机构控费、基本药物采购、医疗资源配置等方面。由人社部门单独管理城乡居民医疗保险的地方，对原新农合中的好做法、好经验，应予以继承、不断完善。

另外，城乡居民医疗保险整合不能止于报销水平相同，而应追求医疗保险报销水平和医疗服务水平的统一，因此，应协调推进医疗服务体系改革和医疗保险体系改革，进一步改善卫生资源配置，提高农村医疗卫生机构服务能力。

第二节　全面深化医药卫生体制改革

2016年8月19日至20日，全国卫生与健康大会在北京召开，习近平总书记在会议上指出，“当前，医药卫生体制改革已进入深水区，到了啃硬骨头的攻坚期。要加快把党的十八届三中全会确定的医药卫生体制改革任务落到实处。”[①]深化医药卫生体制改革是全面深化改革的重要内容，是维护人民群众健康福祉的重大民生工程、民心工程，我们必须予以高度重视。

一、深化医药卫生体制改革的成果

（一）基本建立全民医疗保险制度

深化医药卫生体制改革的一项基本任务就是建立并完善全民医疗保险制度，更大程度地让医疗保险制度惠及人民。以基本医疗保障为主体的多层次医疗保障体系逐步健全，保障能力和管理水平逐步提高。职工医疗保险、城镇居民医疗保险和新农合参保人数超过13亿，参保覆盖率稳固在95%以上。城乡居民基本医疗保险财政补助标准由改革前2008年的人均80元提高到2016年的420元。全面实施城乡居民大病保险，推动建立疾病应急救助制度，不断完善医疗救助制度。大力推进支付制度改革，加快推进基本医疗保险全国联网和异地就医结算工作。支持商业健康保险加快发展。我国在较短的时间内织起了

① 全面深化医药卫生体制改革的重要遵循[EB/OL]. http://www.xinhuanet.com/comments/2016－08/23/c_1119435856.htm.

全世界最大的全民基本医疗保险网，为实现人人病有所医提供了制度保障。

（二）完善综合监管制度

在深化医改中着力用法治思维建立政府为主体、社会多方参与的医药卫生监管体制。加强医疗卫生服务属地化和全行业监管，重点强化医疗卫生服务行为和质量监管，不断完善医疗卫生服务标准和质量控制评价评估体系，强化事中事后监管。

（三）建设并完善分级诊疗制度

分级诊疗制度是提升医疗服务能力，提高医疗服务效率的重要途径，因此我国近年来加快建立“基层首诊、双向转诊、急慢分治、上下联动”的分级诊疗制度。提升基层医疗卫生服务能力，支持县级医院和基层医疗卫生机构标准化建设，加强以全科医生为重点的基层卫生人才队伍培养。完善医疗卫生机构之间分工协作机制。推动大医院和基层形成利益共同体、责任共同体、发展共同体。开展多种形式的家庭医生签约服务试点。以高血压、糖尿病为重点开展分级诊疗试点工作，探索结核病分级诊疗综合防治服务模式。

（四）创建并实施公共卫生服务项目

基本公共卫生服务项目政府补助标准不断提高。人均基本公共卫生服务经费补助从2009年15元提高到2016年45元，项目类别达到了12大类，基本覆盖居民生命全过程。重大公共卫生服务项目覆盖范围不断扩大。

（五）全面深化公立医院改革

为了向人民提供更完善的医疗服务，我国大力推进公立医院的改革，当前，县级公立医院改革已全面推开。国家联系试点城市扩大到200个，省级综合改革试点扩大到11个。改革地区紧紧围绕破除以药补医、创新体制机制、调动医务人员积极性三个关键环节，落实政府的领导责任、保障责任、管理责任、监督责任，探索建立现代医院管理制度，推动医院管理模式和运行方式转变，着力建立维护公益性、调动积极性、保障可持续的公立医院运行新机制，同时积极促进健康服务业和社会办医发展。

（六）建立健全药品供应保障体系

在整个医疗体系中，药品供应保障体系具有重要作用。我国政府不断完善基本药物遴选、生产、流通、使用、定价、报销、监测评价等环节的管理制度，加强国家基本药物制度与公共卫生、医疗服务、医疗保障体系的衔接。改革完善公立医院药品和高值医用耗材集中采购办法。对部分专利药品、独家生产药品，完善药品价格谈判策略。构建药品生产流通新秩序。大力推进药品价格改革，绝大多数药品实际交易价格主要由市场竞争形成。

全面深化医药卫生体制改革，是为了向人民群众提供更良好的医疗服务，为了持续改善人民群众的健康状况。目前，我国人民健康水平总体上优于中高收入国家平均水平，从 2016 年到 2017 年，居民人均预期寿命由 76.5 岁提高到 76.7 岁，孕产妇死亡率从 19.9/10 万下降到 19.6/10 万，婴儿死亡率从 7.5‰下降到 6.8‰。① 个人卫生支出占卫生总费用的比重持续下降，由 2008 年的 40.4%下降到 2017 年的 28.8%以下，以较低的成本实现了较高的健康绩效。

随着我国医改的不断深入，会更多地涉及体制机制的改革，以及各相关部门和各方利益的调整，这也意味着改革的难度进一步加大。一是领导体制和组织实施机制有待强化，各级政府和有关部门协同推进改革的有效联动机制尚未形成，难以形成推进医改的整体合力；二是改革政策措施的整体性、综合性不够，“三医”联动改革进展不平衡，一些关联环节未做到有效衔接，影响改革

① 2017 年我国卫生健康事业发展统计公报[EB/OL]. http://www.nhfpc.gov.cn/guihuaxxs/s10743/201806/44e3cdfe11fa4c7f928c879d435b6a18.shtml.

的实际效果；三是体制机制性改革有待进一步突破，特别是现代医院管理制度建立、医疗服务价格调整、医疗保险支付制度改革、药品流通领域改革、人事薪酬制度建立、基层人才激励机制等方面的改革要加快，群众的获得感和医务人员的认同感还不强。

二、国外健康相关制度体系建设经验

（一）管理制度

我国在医疗管理方面有很多不成熟的地方，应该借鉴国外的一些先进经验。英国、德国、美国、新加坡等国家都普遍经历了一个政府放权、公立医院自主化程度逐步提高的过程，但政府仍对公立医院管理负有很大责任（包括通过立法限制公立医院行为、对公立医院行使行政管理和监督权），一般采取激励和奖励、提高监管审查强度、公开披露医疗机构绩效信息、暂时或永久限制被监管组织的活动、罚款、直接介入被监管组织等手段，以绩效监控、巡查、调查等方式履行该责任。同时，上述国家的公立医院治理模式均采取了董事会制，但层面、构成有所差异。

（二）服务提供机制

第一，国民卫生服务体制国家由政府举办的医疗卫生机构提供绝大部分服务，严格执行基层首诊制度；社会医疗保险国家主要由政府举办的医疗卫生机构提供服务，以私立营利性或非营利性医疗卫生机构为补充，患者选择公立或私立医疗卫生机构的全科医生进行首诊及转诊；商业医疗保险国家主要由私立非营利性医疗机构提供服务，没有严格基层首诊制度，家庭医生只在某些保险项目中作为“守门人”。

第二，英国、德国、美国、新加坡等国家的公立医院主要采用服务项目和工资制这两种薪酬支付方式，公立医院医护人员平均收入水平较高且主要来自工资，医生处于社会高收入阶层。

第三，在保障基本医疗卫生服务需求得到满足的前提下，医疗保险控费力度不断加大，医生处方行为基本规范，药品流通费用空间不断压缩，药品不是医生或医疗机构重要收入弥补渠道，仅一些国家政府采购法或公共采购法要求公立医疗机构必须通过公开招标采购物品。

（三）筹资制度

英国、德国、新加坡等国家为了更好地实现全民健康保障制度，会建立以税收或社会保险为基础的筹资机制，一般情况下，这些国家会采取以按病种付费为主，按人头、按服务单元、总额预付、按健康绩效等复合型支付方式。

三、全面深化医药卫生体制改革的策略

（一）构建科学的管理制度

以健康为出发点，实施综合治理，将部门的职能有机协调，建立促进国民健康的行政管理体制；充分调动各方面积极性，实现“健康治理，全民共建，全民共享”。建立以产权清晰、权责明确、政事分开、管理科学为特征的医院管理制度，探索政府与公立医院权责关系的有效形式，建立决策、执行、监督相互制衡的权力运行机制，落实公立医院独立法人地位和自主经营权，促进公立医院发展。

1. 建立现代医院管理制度

(1)健全公立医院院长选拔任用制度，实行任期目标责任考核制，完善由行业协会、人大、政协等多方参与的监管机制。

(2)逐步取消公立医院的行政级别，实行自主招聘、全员聘用、岗位管理，建立量化绩效考核体系及相应奖惩机制，建立实施反映劳动价值的岗位绩效工资制。

(3)赋予公立医院独立法人地位并向院长充分授权，通过制定法律、单一政策文件、委托代理合同等形式，详尽规定公立医院相关权力(如人事管理、内部分配、组织结构等)及归属。

(4)明确规定各类决策主体及决策、协调机制。

(5)实行全成本核算，健全质量监控考评体系，实施临床路径和单病种质量管理。

(6)临床路径与电子病历有机结合，实施单病种信息化管理。

2. 在所有政策中融入健康理念

推动环境友好、健康促进的经济增长和社会发展模式的转变，关注重点人群的健康，建立相应的决策程序和政策体系，促进不同领域协作形成社会保障安全网络，发挥个人、社会组织等各利益相关者在促进健康方面的作用。

3. 转变管理理念

在建立全面可及的基本医疗卫生制度和统一、协调的行政管理体制的背景下，适应健康制度需求，围绕基本医疗卫生制度要求，从宏观上实现“管理”到“治理”的理念转变，建立统一的“大卫生”行政管理体制。

4. 建立健全全行业监管制度

建立公开透明、公平公正、科学合理、全程化的政府、行业组织和社会公众多方参与的全行业监管制度。

首先，建立长效监管机制，科学确定监管内容和方式，充分利用信息化手段，强化安全、质量、效率、满意度等服务行为合理性监管，将评估结果与筹资和支付相挂钩；其次，转变政府职能，厘清政府的监管职能边界，鼓励行业组织、专业社会团体等多元主体参与，实现全行业监管；再次，注重法制化建设，完善卫生监管相关法律法规、规章制度和规范标准，实行全面信息公开，使卫生监管有法可依、公开透明；最后，提升卫生监管人才培养和合理配置水平，建立相应激励约束机制。

（二）建立健全服务提供制度

1. 建立健全人口健康信息化体系

第一，强化顶层设计，提高人口健康信息化制度体系的规范化和安全性；第二，加强信息系统功能开发和应用，促进互联互通、高效性和实用性；第三，健全人口健康信息化监管机制，实现信息系统实时监管；第四，强化资金、人力、政策等保障机制建设。

2. 完善基本药物制度

（1）正确处理企业积极研发生产和保障基本用药需求的关系，建立统一科学的药品质量、价格评价体系，完善以市场为主导的药物价格形成机制。

（2）整合基本药物和非基本药物的招标采购平台，加强省级药品招标信息与国家级招标价格信息的互通。

（3）基本药物及其目录的性质在制度层面均需要进一步明确，适当调整和扩充慢性病、常见病相关药品种类，并做好与医疗保险报销目录的对接，建立与双向转诊相适应的药品配送机制。

（4）提升药品检验检测体系和安全监测预警水平，加快执业药师立法步伐，明确执业药师职责，强化药品全过程质量监管。

3. 建立健全卫生人才培养和管理制度

（1）健全以聘用制度和岗位管理制度为主的事业单位用人机制，完善以政府为主、单位和社会为辅的卫生人才投入机制，形成以服务质量、数量、满意度为核心的岗位绩效工资制，建立符合行业特点、科学化、社会化的人才评价机制。

（2）建成院校教育、毕业后教育、继续教育三阶段有机衔接的标准化、规范化临床医学人才培养体系。

（3）落实医师多点执业政策，建立卫生人才流动机制。

4. 构建医疗卫生服务体系

(1)明确不同功能、不同层级医疗卫生机构的功能定位和利益分配机制,构建协同整合的医疗卫生服务体系,形成连续性、覆盖全生命周期服务模式。

(2)在政府主导下制定科学化、制度化的医疗卫生服务体系规划,优化资源配置,鼓励社会力量在医疗资源配置相对薄弱的区域和专科领域发展。

(三)筹资制度

政府坚持健康优先的原则,保证政府在提供基本医疗服务中的主导地位;建立制度统一、人人平等享有、保障水平适度的健康保障制度,健全以基本医疗保障为主体、其他多种形式补充保险和商业健康保险为补充的多层次医疗保障体系,减少灾难性医疗卫生支出。

1. 建立健全基本医疗保险筹资机制

要构建动态调整的基本医疗保险筹资机制,统筹财政投入、服务模式转变、服务需求增长等综合因素,立足于保基本、促公平、兜底线,建立基本医疗保障筹资与补偿的动态调整机制;采取以按病种付费为主,按人头、按服务单元、总额预付、按健康绩效等复合型支付方式。

2. 建立健全基本医疗保险筹资模式

第一,建立完善政府、社会和个人合理分担可持续的基本医疗保险筹资机制,缩小不同类型基本医疗保险之间筹资与补偿差距,建成保障水平适度、全民统一覆盖的国民健康保险制度;第二,建立可持续的基本医疗保险筹资机制,新农合和城镇居民医疗保险(城乡居民医疗保险)由个人定额缴费改为按照收入一定比例缴费,政府补助相应改为按照财政收入占比补贴。

3. 建立健全健康筹资制度

第一，以社会医疗保险为主体，逐步提高补偿水平，减轻个人基本医疗卫生支出负担；第二，以基本医疗卫生服务需求为导向，建立与医疗服务绩效相挂钩的财政投入机制；第三，以商业健康保险和个人支出为主，满足非基本医疗卫生服务需求。

第三节　智能城市医疗卫生发展战略

医疗卫生资源配置体系呈现倒金字塔形配置，当前我们面临着看病难、看病贵的问题，同时还有不能忽视的人口老龄化趋势，这就要求政府必须做出重大变革以适应人们对医疗卫生发展提出的新要求。另外，全球智能技术的迅速发展，为多方参与的医疗卫生产业链体系的发展带来了重要的契机。

一、智能城市医疗卫生的含义与特征

智能城市医疗卫生是随着科学技术的进步，以及人们对医疗卫生要求的改变的背景下形成的，这是一种以医疗卫生相关信息超级融合为基础的防治模式。智能医疗卫生的特点体现在信息融合、多方协作、预防为主。信息融合是现有数字医疗基础上的深度发展，不仅是分散在医院各部门、科室的信息能够以患者、医生为中心的实时集成，而且是跨医院、社区、家庭等不同组织单元的融合，也是跨医疗机构、社保和金融等不同利益机构的实时融合，且充分融合生物传感、基因组测序、人体成像等个体生命的深层信息。多方协作强调医疗卫生体系和产业链的完整性，责任与利益涉及多方，医疗卫生产业链长，从药品器械的生产、流通、监管、研究，医护人员的教育、培训、监管、评级，到公共卫生管理、妇幼保健、卫生监督、疾病控制，等等；且由于互联网的发展，个体对

疾病防治的参与越来越多。疾病诊治是对已发生问题的治疗，而智能医疗卫生强调预防为主，利用穿戴传感、无创检测、环境监测、群体监测等方法对正在发生的小趋势和信号进行侦测并提前干预，做到防患于未然。因此，智能医疗卫生通过以个人为中心、不同医疗服务的集成以及城市综合服务体系的构建，建设预防性、预测性、个性化、参与性的医疗卫生模式。

二、国内外比较

（一）智能医疗卫生在各国的发展情况

随着科学技术的进步，各国都开始涉足医疗卫生的智能实践，不同的国家在该领域具有不同的特色。英国、日本发展小城镇，创建健康示范城镇，让居民在所在地安宁祥和地生活；荷兰因老龄化导致社会医疗服务提供者少，因此发展自理生活的医疗设施，减少对医护者的需求；新加坡意识到健康问题不在于医院，更在于自身，因此发展预测与健康管理项目，提供医疗信息开放平台，让民众更多地参与自己的健康管理；加拿大地广人稀，面对有限的经费，通过联网的医疗设施和诊所，用虚拟的方式集中了医疗资源，使得资源的利用更加有效等。

相较于其他国家，我国在发展智能医疗卫生时，将无线通信以及手机终端作为抓手，充分利用无线网络和移动终端发展智能医疗卫生。我国的无线通信网络已经覆盖城乡，从繁华的城市到偏僻的农村，从海岛到珠穆朗玛峰，到处都有无线网络的覆盖。从终端用户水平上看，目前市面上智能手机普及率较高。此外，综观医疗体系，智能医疗刚性需求无处不在：医院诊疗需要更智能的服务，公共卫生防控需要更智能的响应，社区健康管理需要更智能的防病，卫生行政部门需要更智能的决策。

发展智能医疗卫生的关键在于信息技术，充分发挥信息技术的作用，才能实现智能医疗卫生更广更深的发展。无论是英国的无线医疗、新加坡的PHM计划，还是加拿大的医疗网络，无不依赖统一高效、随时可得的医疗信息资源。随着信息技术的不断发展、我国医药卫生体制改革的持续深入推进，以及居民健康需求的不断增长和变化，可以预判，当前和今后一个时期将是智能医疗卫生城市建设的关键过渡期和创新发展期。为更好地适应医疗卫生改革发展和群众健康保障要求，推动医疗卫生发展方式转变和医疗卫生服务模式创新，智能医疗卫生建设需要从孤立、割裂、封闭阶段走向融合、互通和共享时代。

我国智能医疗卫生是最具特色的发展点。相较于其他国家，我国的智能城市医疗卫生研究和应用恰逢时机，从整个城市发展角度来综合考虑信息技术的应用，需要对城市布局、环境保护、食品供应、预防等从更大范围的视野来考察，这是实现城市民众健康长寿、实施以预防为主的策略的关键。

（二）智能医疗卫生发展的关键

1. 以全面统筹为基础，创新设计智能医疗卫生体系

智能医疗卫生体系的建设与国家全局的医疗卫生服务体系的建设紧密关联，无论是医疗保险体系、医院建设、社区卫生还是服务中心的布局，都应与国家宏观上的政策布局协调一致，因此智能城市的医疗健康服务的建设应从国家战略层面进行调控，而不仅仅限于城市。针对单一城市的个性化智能医疗卫生的建设需要立足现实，进行创新的思考，给出适宜本地的解决方案。

2. 加强政府领导，实现多方协作

医疗卫生的变革是涉及多学科、多部门的长期的过程。在这一进程中，需要具有领导力和执行力的领导，需要深刻理解现代科技技术的变迁价值的领导，同时要找到各相关机构和团体的共同利益，通力协作，才能实现有效的变革。

(三)智能医疗卫生发展存在的问题

1. 电子病历数据共享难

由于医院间的互相竞争以及医院内外网建设的隔离，大多数医院之间互联互通的信息化医疗系统尚未建立，各医疗机构间的电子病历不通用，患者如果更换医院，各项检查还需重做；目前电子病历作为法律证据，其使用尚缺规范的存贮；要想实现电子病历全面共享、互操作的功能要求，还有很长的一段路要走。

2. 传感器成本过高

无线医疗和远程医疗需要大量的传感器，但是目前传感器基本都是进口的，尤其是高端传感器。国内需要加快研发低成本的可靠传感器，并形成相应的产业，在医疗卫生应用中占主导地位。

3. 缺乏标准和法规

国内智能医疗卫生方面的标准和法规还未形成完整体系，如远程医疗、无线医疗的应用安全性以及问责机制、保险报销机制等均少有具体规范的政策。标准和法规的欠缺会使整个远程医疗市场难以规范化管理，也不利于新技术在医疗行业的应用。再如电子健康记录的明确的法律效力和作为医疗证据的保管规范也尚有欠缺，这使得医疗电子健康记录游离存贮，不利于行业的健康发展。

三、智能医疗卫生发展战略的目标

从总体上来说，建设智能医疗卫生的目的在于更好地为民众提供医疗卫生服务。具体来说，推进智能医疗卫生发展战略要建立全国范围内开放的医疗卫生数据交换、汇聚和应，用分享机制，并与国际接轨；完成全国范围内的统一医疗卫生云服务平台的建设，支撑各级城市的医护接入应用；在全国范围内具备统一的在线医疗支付结算体系。

到2020年，人口50万以上的城市基本建立开放的医疗卫生数据交换、汇聚和应用分享机制，能够让居民通过各种设备和场景随时可得并更新以个人为中心集成的医疗服务记录；建立城市医护资源互联体系，支撑城市具备资质的医护人员能够在网络上被定位，能与患者及其他医护人员互动，能获取医护评价；建立融合各种医疗保险的在线统一支付体系，能为各层次医疗服务机构应用于日常的医护服务结算；建立完整的医药物流分发配送体系，能在几个小时之内将医药产品分发给所需的城市居民；建立基于科学数据决策的城市统一的疾病防控体系、突发事件应急响应机制、基于网络的急救体系和慢病联合照护体系。

到2030年，实现全国范围内二级医院之间的以患者为载体的医疗信息自由传输和集成，并与国际接轨，完成全国范围内的统一医疗卫生云服务平台的建设，借助医疗卫生云服务平台，完成健康教育、政府决策、科学研究等二次数据应用的建设。

四、智能医疗卫生发展战略的任务和内容

（一）战略的主要任务

1. 发展移动医疗及医疗传感设备

在移动通信技术发达的今天，智能医疗的发展必然会出现移动化趋势，移动医疗能够提供便捷化、智能化、个性化的医疗服务，这是城市智能个性医疗卫生服务的终端。有了这样的终端，居民可以随时随地得到健康医疗方面的服务；该终端能提供自主服务并具备自动学习、辨识、诊断能力；针对不同的人，该终端有不同的量身定制的服务，根据个人的身体情况和相应的状态提供相应的服务和建议。发展移动医疗，包括健康监测、健康咨询、健

康教育、远程诊断、辅助诊疗、移动支付、慢病管理等内容，给城市居民提供全新的医疗健康服务。研制可穿戴的医疗传感设备，包括体外数据采集和特征数据采集传感设备，完成可靠、宜用、廉价的医疗传感用品的研发和规模化生产，并建立可持续的商业模式。

2. 构建智能医疗卫生服务平台以及大数据中心

智能城市医疗卫生实际上是智能城市发展的一个组成部分，其发展是围绕着智能城市的，并且智能医疗卫生本身就涉及众多的领域，与人口、社保、金融、教育甚至交通有着密不可分的联系。智能城市云平台和大数据中心是城市的信息枢纽和决策中心，医疗卫生是其重要组成部分。医疗卫生的智能化应建立与社保、金融支付融合的体系，借助社保和金融支付过程，完成医疗卫生信息的整合，并将这些信息托管于城市云平台，形成城市大数据中心。这既有利于电子健康记录信息的第三方托管，使得拥有医疗记录的机构自身无法任意更改医疗记录，体现文档的法律效力，同时在特殊情况下授权修订并保存对更改的可追溯需求；也有利于任何机构和个人在授信的条件下进行安全实时访问。

3. 制定并实施先进的医疗卫生信息标准

在实践中，医疗卫生具有显著的局部特征，不同地区的医疗卫生信息系统及器械开发商会由于地理位置的不同拥有不同的地缘优势，在城市范围内不同的软件供应商对同一产品进行充分竞争，但对于使用软件的医疗机构、患者和政府而言，带来了相互之间数据和应用不兼容、无法集成各个阶段各种来源的医疗数据和系统的弊病。因此，为优化产业结构，充分整合行业的优势资源，形成良好的产业链，发挥行业的复用和容易互联的特点，需要制定面向医疗卫生信息系统开发的信息技术标准，并付诸标准化评测，使得系统之间能够按需正确有效地互联，数据能够以特定的方式进行集成。此外，我们不可能单独地将医疗卫生放在国内环境中看待,而是应该将其放在国际环境中看待,因为医疗卫生本身是一个全球性的问题,不仅在国内有面向国外患者的服务,而且我国的患者也会去国外就医,患者在不同国度的信息集成以及医疗记录的便携是世界发展的潮流。因此,有必要建立和采纳与国际接轨的卫生信息标准,这不仅有利于快速分享发达国家几十年来在此领域的研究和实践成果,也有利于医疗信息产业全球化发展的部署。

4. 建立城市标准化的电子健康记录

电子健康记录是城市卫生信息化建设的关键和载体。因此,必须把建设标准规范的电子健康记录作为重要内容,放在突出位置加以推进。基本确立架构完整、标准规范的电子健康记录,各医院、社区、诊所、公共医疗机构能以患者为中心进行随时调阅,患者也可自己维护,实现城市范围内以个人健康信息为核心的统一共享标准存贮。

(二)战略的重点建设内容

1. 建立并完善城市医疗卫生云服务平台

构建满足诊所、社区医院、健康服务站等小规模医疗单元信息化需求的云服务平台。通过构建统一服务平台,完成不同医疗主体机构间的信息共享访问,同时节约各小型医疗机构的信息化投入。

2. 制定并实施与国际接轨的标准

制定并实施测评与国际健康信息标准接轨的医疗卫生信息标准,特别是身份主体唯一标识、医疗消息传输、电子病历存贮与表示以及医学术语、疾病、药物、医疗器械等分类和编码。这些标准是智能医疗赖以实现的基础,是不同数据集成、不同主体信息系统间通信的基础。

五、智能医疗卫生发展战略的政策建议

（一）加快制定配套的法律法规

完善医疗卫生信息的法制建设，妥善处理医疗卫生信息化进程中涉及法律法规的相关问题，处理好信息安全和隐私保护问题，建立和完善卫生领域的电子证据与取证的法律法规，创造医疗卫生信息化发展的良好法制环境。完善机制建设，鼓励医疗卫生信息标准的制定，保障医疗卫生信息标准规划、开发、推进和运行管理的持续性发展，支持统一规范的卫生信息化标准体系的颁布、实施和推广工作，积极资助参与国际相关卫生信息标准的制定工作。建立起满足实际需求的医疗卫生系列信息标准，消除医疗卫生行业各系统各区域之间的“信息孤岛”，广泛指导和统一协调医疗卫生领域信息化及相关行业的发展。

（二）建立统一协调的卫生信息协调专项办公室

实现智能城市医疗卫生发展，就必须建立各部门统一协调的卫生信息协调专项办公室，要让卫生、工信、金融、社保等各相关部门更好地协作。在组织上保证足够的重视，构成专项办公室的成员一定是对信息技术与医疗卫生两个领域具有充分的理解并能协调各部门的专职人才。有政府的高度重视和强有力支持，智能城市医疗卫生的建设才能得以顺利开展。

（三）成立开源医疗卫生软件基金

支持开源医疗软件的研发与应用，建立开源医疗卫生软件代码库。医疗卫生的地方性特征，使得各地许多软件开发商凭借一定的地缘关系介入医疗卫生软件系统的开发。且由于医疗软件面向的业务比较多，涉及的关键技术比较少，因此全国范围内不同的软件供应商重复开发现象明显。由于医疗行业软件竞争激

烈，各家利润趋薄，因此系统的维护难以为继。为优化产业结构，重组软件行业的优势资源，形成良好的产业链，发挥软件行业的复用特点；提升标准化的能力，需要支持开源医疗卫生软件系统的研发，为后来者提供较低的进入成本，同时提高软件系统的可持续改进能力，减少重复投资。

（四）建立健全本地化的国际医疗卫生信息标准

建立数字卫生标准情报研究中心；制定有利于数据共享交换的政策，培育标准产生的土壤；加大政、产、学、研联合投入，制定切合实际的标准；开展标准宣贯，建立标准培训及应用体系；实施医疗信息标准交叉学科人才培养。

（五）加强信息基础设施建设

支持企业研发医疗传感和无创检验技术，进一步发展无线通信，提高无线通信的覆盖率，提升无线互联网速度，实现无线网普及。稳定的网络能保障医务人员及患者通过手持移动设备随时随地进行及获得医疗服务。

本章小结

习近平总书记在党的十九大报告中提出了“健康中国战略”，他指出，“人民健康是民族昌盛和国家富强的重要标志。要完善国民健康政策，为人民群众提供全方位全周期健康服务。”因此，研究城市公共医疗具有重要意义，可以为实现“健康中国战略”提供理论基础。本章主要研究城乡居民基本医疗保险、医药卫生体制改革以及智能城市医疗卫生发展战略，从这几个方面勾勒出我国当前的城市公共医疗建设情况，并指出了今后的发展方向。

参考文献

[1]过秀成,窦雪萍.城市多模式公共交通运行协调优化方法[M].南京:东南大学出版社,2018.

[2]穆瑞杰.我国公共体育服务体系的多元化建设与实证研究[M].北京:中国商业出版社,2017.

[3]李斌."健康中国2030"规划纲要[M].北京:人民卫生出版社,2017.

[4]刘举科,孙伟平,胡文臻.中国生态城市建设发展报告[M].北京:社会科学文献出版社,2017.

[5]中国智能城市建设与推进战略研究项目组.中国智能城市建设与推进战略研究[M].杭州:浙江大学出版社,2017.

[6]方鹏骞.中国医疗事业发展报告[M].北京:人民出版社,2017.

[7]闫妍.中国公共租赁住房的发展与融资问题研究[M].北京:科学出版社,2016.

[8]王莉丽.老龄化背景下我国城市公共体育服务供给的反思与优化[M].北京:北京体育大学出版社,2016.

[9]李俊辉,郑锂.城市公共交通运营管理[M].成都:西南交通大学出版社,2016.

[10]秦小平,黎文普.城乡体育基本公共服务均等化[M].北京:北京体育大学出版社,2016.

[11]张齐武.中国的公共住房和住房援助政策评估与战略选择[M].武汉:武汉大学出版社,2016.

[12]顾湘.公共租赁住房运行机制研究[M].重庆:重庆大学出版社,2016.

[13]王家宏.我国公共体育服务体系研究[M].苏州:苏州大学出版社,2016.

[14]汪光焘.中国城市公共交通优先发展战略:内涵、目标与路径[M].北京:科学出版社,2015.

[15]戴健.公共体育服务体系建设[M].上海:上海交通大学出版社,2015.

[16]田晓,关艳萍,程晓玲.城市公共交通运营管理[M].北京:中国财富出版社,2015.

[17]邓宏乾.中国城镇公共住房政策研究[M].北京:中国社会科学出版社,2015.

[18]蔡书凯.新型城镇化与生态环境[M].广州:广州经济出版社,2014.

[19]宋瑞.城市公共交通[M].北京:北京交通大学出版社,2014.

[20]李远等.城市生态环境质量综合评估技术与应用[M].北京:中国环境出版社,2014.

[21]张占斌.城镇化建设的保障房研究[M].石家庄:河北人民出版社,2013.

[22]曹可强,俞琳.公共体育服务体系构建、机制创新与制度安排[M].北京:北京体育大学出版社,2013.

[23]郇昌店.城镇化进程中我国农村公共体育服务发展模式研究[M].北京:北京体育大学出版社,2013.

[24]郑长江,张小丽.城市公共交通[M].北京:国防工业出版社,2013.

[25]戴天兴.城市环境生态学[M].北京:中国水利水电出版社,2013.

[26]朱鹏飞.城市生态环境保护[M].北京:中国林业出版社,2013.

[27]冯树民.城市公共交通[M].北京:知识产权出版社,2012.

[28]交通运输部道路运输司.城市公共交通管理概论[M].北京:人民交通出版社,2011.

[29]闫平，宋瑞. 城市公共交通概论[M]. 北京：机械工业出版社，2011.

[30]马光红，田一淋. 中国公共住房理论与实践研究[M]. 北京：中国建筑工业出版社，2010.

[31]贾云. 城市生态与环境保护[M]. 北京：中国石化出版社，2009.

[32]郭力. 中国城市规模效率与最优规模的生态考量——基于地级市面板数据的分析[J]. 城市问题，2018(2).

[33]张梓舰. 城市生态环境保护与可持续发展[J]. 绿色环保建材，2018(2)：11－17＋35.

[34]吴明富. 抓好顶层设计稳步组织实施扎实推进基层医药卫生体制改革[J]. 人口与计划生育，2018(3)：83－84.

[35]燕瑛. 深化医药卫生体制改革　推进科学合理的分级诊疗制度建设[J]. 前线，2017(4)：90－92.

[36]张茜. 中国社会医疗保险财务收支中的现状及对策[J]. 山东纺织经济，2017(2)：9－12.

[37]高奇琦，吕俊延. 智能医疗：人工智能时代对公共卫生的机遇与挑战[J]. 电子政务，2017(11)：11－19.

[38]莫文彬. 国内外公共住房的政策研究及其启示[J]. 价值工程，2017(4)：8－10.

[39]解析工业 4.0 如何推动智能医疗健康服务体系[J]. 智慧健康，2016(10)：49.

[40]刘思雨. 浅谈城市生态环境问题的解决[J]. 科技风，2016(21)：15.

[41]崔华. 新加坡公共住房及城市建设的启示[J]. 上海房地，2016(7)：45－46.

[42]张诗雨. 美国、新加坡公共住房政策与制度[J]. 发展，2015(12)：39－40.